JN193447

基本マクロ経済理論

芹澤 高斉 著

八千代出版

淑徳大学出版助成

■ は し が き ■

　マクロ経済学における「巨視的」あるいは「大規模な」といった意味をもつマクロ（macro）という単語は、分析単位の大きさを示している。個別の家計、企業、市場等の比較的小さい単位を分析対象にするミクロ経済学に対して、マクロ経済学は、その分析単位が大きく、一国全体の経済における集計量を扱う経済学の分野であるとされる。GDP（国内総生産）、物価、マネーサプライ、利子率、為替レート、資産価格、経常収支等は、マクロ経済学で取り扱われる経済変数である（詳細は、本書の各章で説明される）。マクロ経済学では、それぞれの経済変数がどのように決定されるのか、相互にどのような関わり合いがあるかが分析される。

　現実の経済活動では、これら以外にも経済変数が数多く存在し、それらは複雑に関連し合っている。このため、1つひとつの経済変数について、その動きや他の変数との関わり合いを調べ、それらを積み重ねることによって経済の全体像を把握することは容易ではない。

　そこで、マクロ経済学では、複雑な現実の経済を抽象化して、その基本構造をシンプルに理解するために数学的な理論モデルが用いられる。いわゆる、マクロ経済モデルである。このマクロ経済モデルを組み立てる際には、分析の目的に応じて経済変数が選択され、それらの関係が数式で示される。そして、マクロ経済モデルを操作することで、分析対象である経済変数、例えばGDPがどのように決定されるか、また経済政策上の含意がどのようなものであるかが示される。

　本書は、マクロ経済学が扱う主要課題について、理論的分析とそこから得られる経済政策上の含意について解説することを目指している。例えば、第2章では、45度線分析と呼ばれるマクロ経済モデルを用いて、GDPの決定に関する理論的分析と経済政策上の含意を導いている。本書は序章を含めると9章で構成されているが、それぞれの章において用いられるマクロ経済モデルについて、直感的な理解が得られるように、図表を用いた説明に多くの

紙面が割かれている。さらに、マクロ経済モデルを操作して、経済変数の決定や変数間の関連を導いているが、その過程のロジックを直感的に理解することを重視した説明を試みている。

　これらの特徴を有する本書は、マクロ経済学をこれから学習しようと考えている初級者に読んでいただくことを想定して書かれたものである。マクロ経済学という経済の見方を身につけることで、現実のマクロ経済の動きや経済政策についての理解が深まることを願う。

　最後となったが、拙いこの書の出版に当たり、八千代出版の森口恵美子社長および編集を担当された井上貴文氏に絶大なご支援およびご厚情を頂戴したことに心より厚く謝意を表する。

2018 年 3 月

著者　芹 澤 高 斉

目　　次

序章

マクロ経済学とは

　マクロ経済学では、一国全体の経済活動を対象にして分析が行われる。例えば、次のようなことを、メディアで見たり聞いたりする。バブル崩壊以降、近年まで長期間にわたって景気がよくない状態が続いていた。経済成長率が低下して、低成長の時代に入った。政府は景気対策を行ったが、顕著な効果は表れなかった。日本銀行は、物価上昇率（インフレ率）を目標に、金融政策に取り組むようになった。これらは、いずれも、一国の経済活動の成果やそれに対する政策に関連する事項であり、マクロ経済学の関心事である。

　我々が暮らしている現実の経済では、さまざまな人や組織が経済活動を行っている。そして、それらは直接、間接に何らかの関わりをもち、一国全体の経済活動の成果に影響を与えていると考えられる。それらを捉える視点はさまざまであろう。

　経済学では、マクロ経済学のほかに、ミクロ経済学があり、そこでは家計や企業がどのように行動しているかについて、個別の家計、個別の企業など比較的小さい単位を対象に分析が行われている。また、いくらでどれだけの取引が行われるかについて、個別の市場を対象にした分析が行われる。一方、マクロ経済学では、所得、物価、経済成長、金利（利子率）、為替レートなど、一国全体の経済変数の決定やその動向が分析される。この点で、マクロ経済学は、一国の集計量を扱う経済学であるといわれている。

　以上のように、ミクロ経済学とマクロ経済学の違いは、基本的には、分析対象の単位の大きさが異なることにある。そこで、以下では、マクロ経済学の基礎的事項について説明することにする。

1 ■ 経済主体

　経済主体は、経済学において、経済活動を行う人、または団体を示す用語として使われる。マクロ経済学では、代表的な経済主体として、家計、企業、金融機関、政府を扱う。そこで、これらの経済主体が、どのような経済活動を行うかについて説明する。

① 家　　計

　家計は、労働、資本などの生産要素をもっており、それらを供給して、賃金、利子・配当を所得として獲得する。また、家計が所得を得ると、政府に税金や社会保険料を支払い、残りの可処分所得で、有形の商品である財と無形の商品であるサービスを購入する消費を行い、残りを貯蓄する。その貯蓄は、金融市場で運用される。

② 企　　業

　企業は、家計等から供給される生産要素を、購入した原材料とともに使い、財・サービスを生産し、それらを販売して、収入を得る。その収入から、家計から提供された労働への対価として賃金・報酬を、資本に対する対価として利子・配当を支払う。また、必要に応じて、政府への納税も行う。さらに、生産設備等の購入である投資を行う。この際、自己資金を使うこともあるが、足りない場合は、金融機関からの借り入れ等により、必要な資金を調達する。

③ 金融機関

　金融機関は、家計の貯蓄を預金等で受け入れ、それを企業に投資資金として供給するなどの資金の仲介を行う。これらは、金融機関によるサービスの生産と考えられる。

④ 政　　府

　政府は、家計、企業等から税金を徴収し、必要に応じて国債を発行して借

り入れ、橋や道路などを建設する公共事業を行ったり、公務員を雇い、行政サービスを供給したりしている。

2 ■ 市 場 と は

　一般に、経済取引は、一方が財・サービスなどの経済価値を提供して、相手がそれを受け取る対価としてお金等を支払うという形で行われることが多い。その際、当事者たちは、財・サービス1単位当たりの金額である価格について合意し、取引を行う。経済学では、これらの取引は市場で行われると考える。なお、市場とは、概念的な用語で、お店などの物理的な場所を含めて、行われた取引の集合体である。すなわち、経済学において、市場とは、取引の総体のことをいう。

　マクロ経済学においては、財・サービスが取引される財・サービス市場、後に説明する生産要素が取引される生産要素市場など、いくつかの市場を分析の対象にしている。例えば、企業が財・サービスを生産すると、それらは家計、企業等によって購入される。その際、購入主体は、企業によって供給される財・サービスへの対価として、合意された価格を支払う。これらの取引が行われるのが、財・サービス市場である。

　また、生産過程で投入される、労働、資本、土地等は、生産要素と呼ばれる。これらの生産要素についても、財・サービスと同様に、合意された価格で取引が行われると考えられる。例えば、ある人がアルバイトという形で働く場合、その対価である時給について合意が成立し、企業はその人を雇用する。これらの取引が行われるのが、生産要素市場である。

3 ■ ストック変数とフロー変数

　経済学で扱う変数には、ストック変数とフロー変数があり、それらを区別することが重要である。

　例えば、家計は、一定期間に稼いだ所得から、貯蓄を行う。一般に、1年

間に貯蓄を行うと、その家計がその期間の始めに保有していた貯蓄残高が増加する可能性がある。数値例で説明すると、その期間の始めに200万円のお金が貯まっていたある家計が、1年間に50万円の貯蓄を行うと、その期間の終わりに貯蓄残高は250万円になる。この例において、50万円は、一定期間における経済的成果の流れ、すなわちフロー変数である。一方、その期間の始めなどのある時点において保有されている資産または負債はストック変数である。例において、家計が、期間の始めにもっていた貯蓄残高の200万円はストック変数である。また、期間の終わりの時点にもっていた250万円もストック変数である。

4■分析期間

　マクロ経済学において、GDP（Gross Domestic Product：国内総生産）の動きとしての経済成長、物価の動きとしてのインフレーション、デフレーション等は、重要な関心事である。また、これらの変数の動きを分析する際に、その期間を意識することが重要である。この点について、GDPを例にとって説明しよう。

　図0-1は、縦軸にGDP、横軸に期日（年）を測り、GDPの動きをイメージとして示したものである。この図において、A点、B点、C点を通る曲線が、現実のGDPの動きを示しているとしよう。例えば、分析において、比較的短期のGDPの動きを知りたい場合、このA点、B点、C点を通る曲線の動きを追いかけるとよいであろう。一方、GDPの長期における動向を分析したい場合、現実のGDPの動き（曲線）に対して引かれたトレンド線（傾向線）の傾きを重視すべきであろう。これら2つの例は、同じGDPを対象とした分析において、その目的に応じて、分析期間を意識することが重要であることを示している。

　経済学では、その目的に応じて、分析期間を設定することがある。例えば、生産における期間の場合は、生産に用いるすべての生産要素（資本、労働等）の投入量を変更できる期間を長期、一部の生産要素の投入量が固定される期

図 0-1　GDP の短期的変動と経済成長

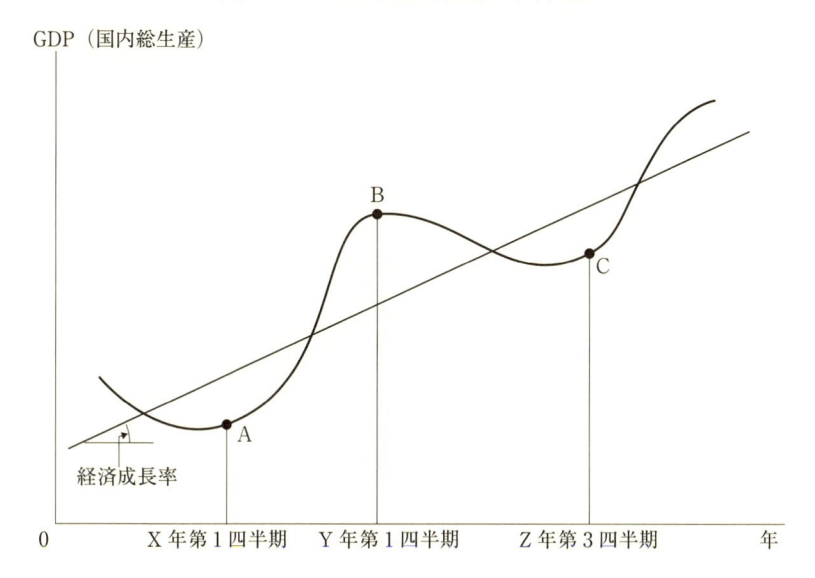

間を短期と呼び、両者を区別する。

第 1 章
マクロ経済活動の水準を測る

1 ■ 国民経済を測る仕組み

　一国の経済活動の水準を測定する仕組みとして、SNA（System of National Accounts：国民経済計算体系）がある。今日、世界中の多くの国で、この仕組みが採用され、集計結果が公表されている。この仕組みは、経済をフローとストックの両面から測定するものである。この統計の中で、GDP（国内総生産）はもっとも重要な経済指標で、四半期ごとに政府が公表する速報値等が、メディアで取り上げられることもある。そこで、以下では、GDP を中心にマクロ経済活動の水準の測り方について解説する。まず、経済循環のイメージを用いて、経済活動の捉え方について説明しよう。

2 ■ 経済循環のイメージ

　図 1-1 は、経済循環のイメージ図である。この図は、マクロ経済が、家計と企業から成り立っている、すなわち、政府や金融機関が存在しないと仮定した経済の循環図である。この図において、これまで説明した、経済主体の経済活動が、市場を通じて、相互に関連しあっていることを理解することができる。企業は、家計から生産要素の提供を受け、生産を行い、それを販売して収入を得る。そして、その収入から、生産要素の対価である賃金・報酬や利子・配当などを、所得として支払う。一方、家計が受け取った所得で行う消費と企業が行う投資が、生産された財・サービスに対する需要になる。

　以上の取引は、市場を通じて行われ、一国全体で見ると、循環しているこ

図 1-1　経済循環のイメージ

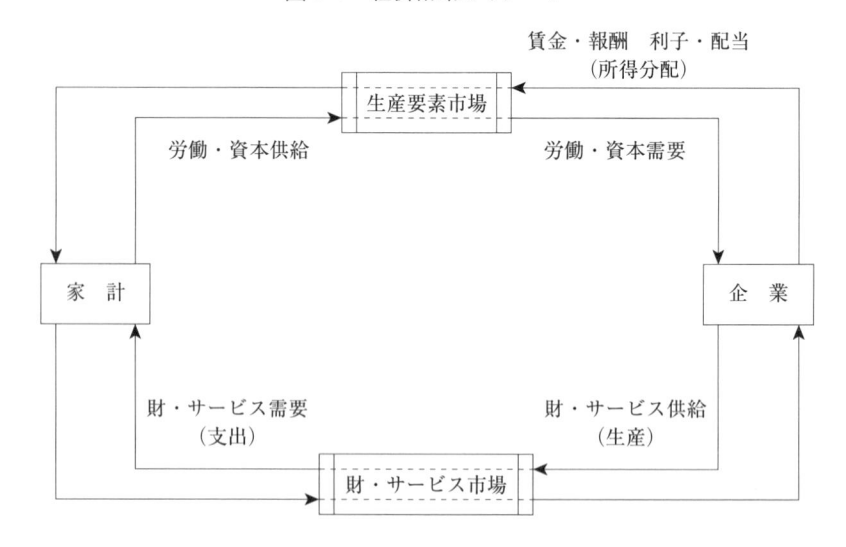

とがわかる（図1-1）。また、この循環における、企業が行う生産の合計、家計が受け取る所得の合計、家計と企業が行う財・サービスへの支出の合計という、3つの側面からの集計が、それぞれマクロ経済学で重要な意味をもつ。

　そこで、次に、これらの3つの側面からの集計について、それぞれ見ていこう。

3 ■ GDP の定義

　GDP は、一国の領土内で、一定期間中に生産された付加価値の合計として定義される。この付加価値について、簡単な数値例を用いて説明する。

① 数値例における付加価値と GDP

　ある一国の経済活動において、小麦農家、製粉業者、製パン業者の3つの企業のみが、以下の内容の生産活動を行っているとしよう。

　小麦農家：原材料等の費用をかけずに、300 の小麦を生産した。そして、

表 1-1　付加価値と GDP

	付加価値	=	生産額	−	原材料費
小麦農家	300	=	300	−	0
製粉業者	200	=	500	−	300
製パン業者	400	=	900	−	500
GDP	900	=	1700	−	800

そのすべてを製粉業者に売却した。

　製粉業者：小麦農家から小麦 300 を原材料として購入し、生産活動の結果 500 の小麦粉を生産した。そして、そのすべてをパン業者に売却した。

　製パン業者：製粉業者から 500 の小麦粉を原材料として購入し、生産活動の結果 900 のパンを生産した。それら 900 のパンは、すべて、家計に売却された。

　上記の例において、それぞれの企業の付加価値は、原材料を基礎にして、生産活動により、価値を高めた部分である。したがって、付加価値は、生産額から原材料費を差し引くことで求められる。表 1-1 にあるように、小麦農家の付加価値は 300、製粉業者の付加価値は 200、製パン業者の付加価値は 400 となる。これらを合計すると 900 となり、これがこの国の GDP ということになる。また、GDP は、生産額の合計（1700）から原材料費の合計（800）を差し引くことで、求めることができる。

② 最終生産物と付加価値

　生産された生産物は、その用途によって、最終生産物と中間生産物に分けられる。中間生産物とは、生産過程で原材料として投入するために購入された生産物のことをいう。一方、最終生産物は、消費や投資を目的として購入された生産物である。上記の例では、小麦農家が生産した小麦（300）と製粉業者が生産した小麦粉（500）が中間生産物で、製パン業者が生産したパン 900 が最終生産物である。この計算では、付加価値の合計である GDP の額と最終生産物の額は、900 で等しい。この関係は、両者を求める式を並べ

て書き、中間生産物の合計と原材料費の合計が等しいことを考慮すると、常に成立することがわかる。また、マクロ経済学では最終生産物の総額をGDPと考える場合もある。

$$最終生産物＝生産物の合計－中間生産物の合計 \tag{1-1}$$

$$付加価値＝生産物の合計－原材料費の合計 \tag{1-2}$$

③ 支出面から見たGDE

一国における経済活動を支出面から集計したものが、GDE（Gross Domestic Expenditure：国内総支出）である。GDEは、一国における最終生産物への支出額の合計と定義される。SNAの仕組みは、このGDEとGDPが等価になるようにつくられている。すなわち、生産をした企業にとって売れ残りである在庫の増加を、自らが支出（購入）するという意味で、GDEに計上するのである。この在庫の増加には、計画的なものとそうではないものがあると考えられるが、GDEを集計する際には、それらを区別しない。結果として、企業が生産した最終生産物のうち、消費や投資を目的として実際に支出（購入）された額と、売れ残った額の合計であるGDEは、最終生産物の合計に等しいGDPと必ず一致することになる。

④ 分配面から見たGDI

一国における経済活動を分配面から集計したものがGDI（Gross Domestic Income：国内総所得）である。GDIは一国における所得の総額と定義される。SNAの仕組みは、このGDIとGDPが等価になるようにつくられている。このことは、企業の付加価値は、生産要素を投入したことで得られたものであるから、すべて所得として生産要素に分配されるとの考え方に基づいている。このとき、労働や資本の供給を受けた企業は、付加価値から賃金・報酬や利子・配当を支払うが、分配されずに残る部分もある。それが、内部留保である。ただし、内部留保は、企業の所有者であるオーナーや株主等に分配されたと考える。すなわち、内部留保は、資本に分配された所得と考えて、GDIに計上されるのである。したがって、付加価値の合計と定義される

GDP と GDI は常に等しくなる。

5 三面等価の原則

　これまで説明した、GDP と GDE の等価、および GDP と GDI の等価より、GDP、GDE、および GDI が等価関係にあることがわかる。この等価関係は、SNA の仕組みの中で成立するものであり、国民経済計算における三面等価の原則と呼ばれる。

4 ■ 国内概念と国民概念

　一国の経済活動を測定する場合、その国の領土内での成果と居住者の成果を区別することが重要である。領土内の成果は国内概念として捉えられるので、GDP は国内概念である。一方、その国の居住者の経済活動を測定する場合、GDP に外国で経済活動を行っている居住者の成果を加え、国内で経済活動を行っている外国の居住者の成果を GDP から除外する必要がある。したがって、次式のように、海外からの要素所得の受け取りと支払いの差額を GDP に加えることで、当該国の居住者の成果である GNI（Gross National Income：国民総所得）を求めることができる。

$$\text{GNI} = \text{GDP} + （海外からの要素所得の受け取り－支払い） \qquad (1\text{-}3)$$

5 ■ 市場価値による集計

　SNA における GDP などの測定は、市場価値で行われる。すなわち、実際に取引が行われているものを、その市場価格で評価して集計する。したがって、原則として、市場で取引されない経済価値は、GDP 等の計算から除外される。

　家事労働は、その一例である。主婦（主夫）が家事を行うことは、企業等に労働サービスを供給していることと同等と考えることができる。しかしながら、家事労働には、そのサービス提供の対価として賃金・報酬が支払われ

ない。このため、市場での取引とみなされず、GDP には算入されない。

　ただし、帰属家賃などの例外もある。ある人が持ち家に住んでいる場合、住宅の賃貸サービスの生産とみなし、その家賃相当分が帰属家賃として GDP に計上される。すなわち、持ち家を所有している人が貸主になり、自分に家を貸すというサービスの取引が市場で行われたと考えるのである。

6 ■ 名目値と実質値

　帰属家賃のような例外はあるが、GDP 等は、原則として市場価値で集計される。最終生産物の市場価値合計を GDP と捉えると、通常、その額の変動には、数量（生産量）の変動と価格の変動が含まれる。この両者の動きを分けて考えるために、経済学では、物の個数で測る実質値（財単位）と金額で測る名目値（貨幣単位）と区別することがある。

1 名目 GDP と実質 GDP

　例えば、GDP として、名目 GDP と実質 GDP がある。名目 GDP は測定する年次の市場価格で算出するため、その変動には物価の変動と数量（生産量）の変動の両方が含まれる。一方、実質 GDP は、基準年次を設定し、そのときの市場価格で算出されるため、その変動には数量（生産量）の変動のみが含まれる。

　そこで、基準年次を t 期、測定時を T 期と表し、第 1 財、第 2 財の 2 種類の最終生産物が取引されていると仮定し、名目 GDP と実質 GDP の算出の仕方とそれらの違いを説明しよう。

2 名目 GDP と実質 GDP の算出

　T 年の名目 GDP は、測定時である T 年に取引された最終生産物を T 年の価格で評価して、合計することで求められる。T 年の第 1 財の取引量を Q_1^T、価格を P_1^T、第 2 財の取引量を Q_2^T、価格を P_2^T とすると、T 年の名目 GDP は次式で示すことができる。

$$\text{T 年の名目 GDP}: P_1^T Q_1^T + P_2^T Q_2^T \tag{1-4}$$

一方、T 年の実質 GDP は、基準年次である t 年の価格で T 年に取引された最終生産物を評価して合計することで求められる。t 年の第 1 財の価格を P_1^t、第 2 財の価格を P_2^t とすると、T 年の実質 GDP は次式で示すことができる。

$$\text{T 年の実質 GDP}: P_1^t Q_1^T + P_2^t Q_2^T \tag{1-5}$$

③ GDP デフレーター

T 年の名目 GDP と実質 GDP の計算式から、両者の違いが、基準年次から測定する年次への価格の変化によって生じることがわかる。また、名目 GDP を実質 GDP で割った値が、GDP デフレーターと呼ばれる代表的な物価指数の 1 つである。

$$\text{GDP デフレーター} = \frac{\text{T 年の名目 GDP } (=P_1^T Q_1^T + P_2^T Q_2^T)}{\text{T 年の実質 GDP } (=P_1^t Q_1^T + P_2^t Q_2^T)} \times 100 \tag{1-6}$$

この GDP デフレーターの値を求めることで、基準年次から測定する年次へと物価がどのように変化しているかを知ることができる。すなわち、GDP デフレーターの値が、① 100 を上回る場合、物価が上昇しており、② 100 の場合、物価は不変で、③ 100 を下回る場合、物価は下落していると考えることができる。また、測定時の GDP デフレーターの値が前期の値と比較して、①上昇している場合、物価上昇、②不変の場合、物価不変、③下落している場合、物価下落の状況にあると考えることができる。

第2章
財市場均衡と国民所得の決定 ▪

　この章では、財・サービス市場を対象にして定式化されたマクロ経済モデルを用いて、国民所得の決定と財政政策の有効性について考察する。

1 ▪ 45度線分析とは

　前章で説明したように、一国において、一定期間内に生産された付加価値の合計である GDP の額は、分配の合計である GDI の額に等しい。また、GDP の額は、財・サービス市場で取引された最終生産物の市場価値総額に等しい。

　したがって、財・サービス市場の均衡において取引される最終生産物の生産量を求め、その市場価値総額を求めることにより、国民所得を導出できる。ただし、この考えでは、単純化のため、「国民」概念と「国内」概念の計数に差異がないと仮定している。また、この仮定は、本書において、特に断りがない場合、成立するものとする。

　現実の経済では、金融市場、国際市場、労働市場などの他の市場が、財・サービス市場における取引に影響し、国民所得が決定されると考えられる。このため、マクロ経済学において、目的に応じて分析の対象となる市場が選択され、さまざまなモデルが用いられる。

　この章では、まず、他の市場では動きがないものと仮定して、財・サービス市場のみを対象にして分析を行う。このようなマクロ経済モデルは45度線分析と呼ばれている。

2 ■ モデルの仮定

　財・サービス市場をのみを対象に分析する 45 度線分析では、以下に示すいくつかの仮定が置かれている。

1 生産され、取引される財は、1 種類の混合財である

　混合財とは、原材料としての投入、消費、投資などのさまざまな用途に用いることができる財のことである。現実の経済では、企業によって多種多様な財・サービスが生産され、家計、企業、政府などの経済主体が、さまざまな用途で購入している。一方、45 度線分析では、単純化のため、生産され取引される財を 1 種類として、その財が、さまざまな用途に用いることができると仮定する。この仮定は、本書で解説するほとんどのマクロ経済モデルで採用される。

2 家計、企業、政府、外国は、それぞれ一経済主体として扱う

　現実の経済では、多くの企業、家計、当該国と国際取引をする外国が存在する。これらのうち、企業を例にとると、一国に数多くの企業が存在し、それぞれ、原材料、および生産要素の投入、財・サービスの生産量、投資等に関する意思決定をしている。

　一方、マクロ経済学は集計量を扱うので、例えば、各企業が意思決定した最終生産物の生産量の計画は、集計され、総供給と定義される。そこで、一国に存在する多くの企業の集合体を 1 つの企業と考え、総供給は、それによって意思決定されると考える。この結果、モデルでは一国に一企業が存在し、その企業が総供給を決定しているかのように取り扱われる。

　以上のような集計量の取り扱いは、企業以外の経済主体である家計、外国においても同様である。政府に関しても、中央政府、地方自治体等複数の機関があるが、一つの経済主体として扱う。

③ 物価水準は一定である

　経済学では、財・サービスの取引において、それらの価格と取引数量が変数となりうる。しかしながら、この章では、現在成立している賃金率で働きたいにもかかわらず職に就けない状態である非自発的失業が存在し、企業が遊休設備を抱えている経済を想定し、物価水準を一定と仮定する。

3 ■ 財市場均衡とその調整過程

　この節では、財市場均衡を対象にした45度線分析が、どのようなモデルであるかについて説明する。

① 総　供　給
　一国の経済における最終生産物の生産計画である総供給 AS は、企業によって決定される。また、その生産計画が実行されると、その市場価値総額に等しい国民所得 Y が生じることになる。

$$AS = Y \tag{2-1}$$

② 総　需　要
　一国の経済における最終生産物への支出計画である総需要 AD は、家計が行う消費 C、企業が行う投資 I、政府が行う政府支出 G、純輸出（輸出 EX －輸入 IM）で構成される。

$$AD = C + I + G + (EX - IM) \tag{2-2}$$

③ 財市場均衡
　一国の経済における財市場の均衡は、総供給と総需要が一致した状態と定義される。この財市場均衡において、企業が生産する最終生産物は、家計、企業、政府、外国の最終生産物への支出計画の合計に一致し、計画外の在庫は発生しない。このため、その他の要因に変化がない場合、企業は生産計画を変更する必要がなく、この状態でマクロ経済の活動水準が決まると考えら

れる。次式は、財市場の均衡状態を示すことから、均衡条件式と呼ばれる。

$$AS = AD \tag{2-3}$$

(2-1)式と(2-2)式を(2-3)式に代入すると、次式を得る。そして、マクロ経済学では、この式を財市場の均衡式として用いることがある。

$$Y = C + I + G + (EX - IM) \tag{2-4}$$

4 財市場均衡への調整過程

　総供給を決定するのは企業である。一方、総需要は、家計、企業、政府、外国のそれぞれが決定した最終生産物への支出計画の合計である。このため、財市場において、均衡が常に成立するわけではない。

　財市場において総供給と総需要が異なる場合、物価水準が一定と仮定されているので、価格が変更される価格調整ではなく、企業による数量調整が行われる。すなわち総供給が総需要を上回り、超過供給が発生し、計画外の在庫が生じるとき、企業は生産量を減少させる。他方、総供給が総需要を下回り、超過需要が発生し、計画外の在庫減少が生じるとき、企業は生産量を増加させる。以上のような数量調整を経て、財市場均衡が成立する。そして、均衡における生産量に等しい国民所得が生じる。すなわち、45度線分析では、財市場均衡が成立するように国民所得が決定される。この水準の国民所得は均衡国民所得と呼ばれる。

　表2-1は、財市場均衡への調整過程を、数値例を用いて説明したものである。

表 2-1　財市場均衡への調整過程

総供給 AS と総需要 AD と市場の状態	数量調整	均衡
$AS(530) > AD(500)$：超過供給　$\Rightarrow$	総供給減少　$\Rightarrow$	$AS = AD\ (=500)$
$AS(480) < AD(500)$：超過需要　$\Rightarrow$	総供給増加　$\Rightarrow$	$AS = AD\ (=500)$

4 ■ 総需要と総供給の決まり方 (総需要関数と総供給関数)

　総需要を構成する消費 C、投資 I、政府支出 G、純輸出（輸出 EX − 輸入 IM）について、家計、企業、政府、外国の経済主体が、年度当初において、それぞれの支出計画を有していると考える。そこで、この節では、それぞれの経済主体が、どのように支出計画を決定するかについて説明する。

⬚1 投資、政府支出、純輸出の決まり方

　一般に、投資という言葉は、利益を得るために一定の資金を投下する意味で用いられている。例えば、株式の購入や不動産の購入等、さまざまな場面で用いられる。一方、マクロ経済学では、投資は、企業等が収益の獲得を目指して、生産において使用する耐久財を購入することを意味する実物投資を指す場合が多い。この実物投資は、資本ストックの増加に寄与する設備投資と在庫を増加させる在庫投資から構成される。ここで、企業は、分析期間である今年度の投資計画を I_0 としていると仮定しよう。

　また、政府は、予算プロセスを通じて、分析対象としている年度の税収を T_0、政府支出 G_0 と計画していると仮定する。また、分析対象国は、外国との取引を行っていないと仮定して、純輸出はゼロであると仮定する。

　以上のことから、投資 I、政府支出 G、租税 T は、それぞれ一定の値を示す I_0、G_0、T_0 で所与であると仮定する。ただし、これらの値は、企業、政府が必要に応じて、年度途中で補正することができると考える。本章の 6 節、7 節では、分析期間の途中で、企業が投資計画を変更する場合や、政府が財政政策として、政府支出や租税を増減させる場合について検討する。

$$I = I_0 \tag{2-5}$$

$$G = G_0 \tag{2-6}$$

$$T = T_0 \tag{2-7}$$

$$(EX - IM) = 0 \tag{2-8}$$

② 消費の決まり方 （消費関数）

　次に、総需要の構成要素である消費がどのように決定されるかについて説明する。本章で扱う45度線分析では、消費は当該期の可処分所得によって決定されると仮定する。

　家計は、一般に、一定の期間に受け取った所得から、政府に税金等を支払い、税引き後の所得（可処分所得）から消費を行い、残りを貯蓄する。この消費の決定において、家計は、当該期の所得、および将来得られると予想される所得、政府に支払う税金等を考慮して、当該期の消費計画を立てると考えられる。

　例えば、好景気によって所得が増加する場合、家計は、その期の消費を増加させるかもしれない。一方、政府の財政赤字や公債残高（借金残高）が大きいため、家計は将来の増税を予想し、所得が増加しても、当該期の消費を増加させずに貯蓄を増加させるかもしれない。

　以上の例は、当該期の所得だけではなく、その将来予想、政府の政策を考慮して、家計が長期的な視野をもって消費と貯蓄の計画を立てる中で、当該期の消費が決まることを示している。

　一方、この章で扱う45度線分析では、分析対象となる期間の消費は、その期の可処分所得によって決定される。このような考え方は、ケインズ（J. M. Keynes）によって主張されたことから、ケインズ型消費関数と呼ばれる。

　ケインズ型消費関数は、次式のように、可処分所得 Y_d の水準に依存せず行われる基礎消費 A（定数）と可処分所得の一定割合の消費 cY_d から構成される（(2-9)式）。ここで、可処分所得 Y_d は、国民所得 Y から租税等 T を差し引いた値とする。また c は限界消費性向と呼ばれ、可処分所得が1増加するとき、消費がどれだけ増加するかを示している。なお、この限界消費性向は、ゼロよりも大きく、1未満であると仮定されている（$0 < c < 1$）。この仮定により、可処分所得が増加するとき、その一定割合が消費に向かうが、消費の増加は可処分所得増加よりも少なく、必ず、一定割合 $(1-c)$ が、貯蓄 S に向かうことになる。

　また(2-9)式において、可処分所得がゼロのとき、消費は A となる。この

図2-1　消費関数

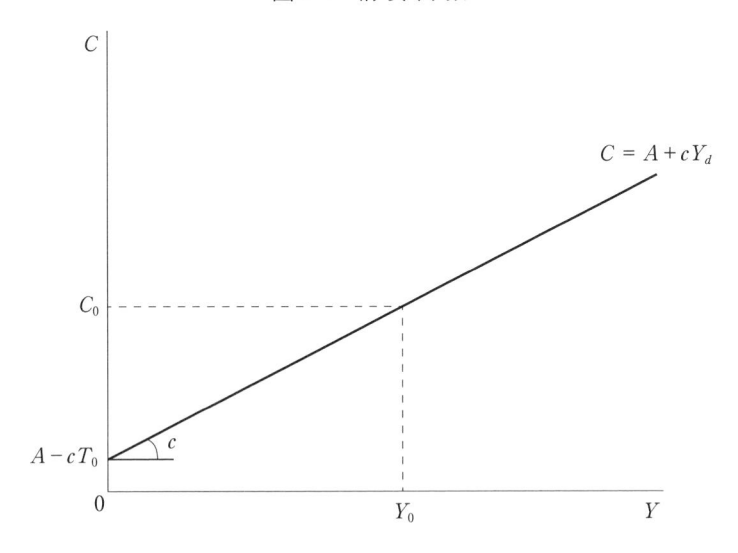

ことは、可処分所得がゼロのとき、貯蓄 S が $-A$ となることに対応している（(2-11)式）。

$$C = A + cY_d \tag{2-9}$$

$$Y_d = Y - T \tag{2-10}$$

$$S = Y_d - C = -A + (1-c)Y_d \tag{2-11}$$

45度線分析で用いるケインズ型消費関数を図示（図2-1）するにあたり、(2-7)式および(2-10)式を(2-9)式に代入して整理したのが、次式である。

$$C = (A - cT_0) + cY \tag{2-12}$$

この式は、縦軸に消費、横軸に国民所得を測った図において、縦軸切片が $(A - cT_0)$、傾き c の直線として示すことができる。また、図には、国民所得が Y_0 のとき、消費が C_0（$= (A - cT_0) + cY_0$）になることが示されている。

③ 総需要と国民所得の関係（総需要関数）

これまで見てきたことから、総需要は、国民所得水準の上昇とともに増加することがわかる。このような関係が生じるのは、純輸出がゼロ、企業の投

資、および政府支出が所与であると仮定されているので、残りの総需要の構成要素である消費が、国民所得水準の上昇とともに増加するからである。

ここで、総需要がどのように決まるかについて、これまで示した式で確認しておこう。総需要を定義する(2-2)式に、(2-5)式、(2-6)式、(2-8)式および(2-12)式を代入して整理すると、次式のようになる。

$$AD = \left[(A - cT_0) + cY\right] + I_0 + G_0 \tag{2-13}$$

この式の右辺にある変数のうち、Y 以外はすべて所与の値（定数）であるから、総需要は、国民所得水準が上昇すると、それに限界消費性向 c をかけた値だけ増加することがわかる。

(2-13)式を、縦軸に総需要 AD を、横軸に国民所得 Y を測り、それらの関係を示したのが、図 2-2 である。この図において総需要 AD 関数は、切片が $\left[(A - cT_0) + I_0 + G_0\right]$ で、傾きが c の右上がりの直線として描くことができる。

④ 総供給と国民所得の関係 （総供給関数）

次に、総供給と国民所得との関係を、(2-1)式にしたがって図示する。この関係は、図 2-3 において、縦軸に総供給 AS、横軸に国民所得 Y を測ると、原点を通る傾き 1 の直線になる。すなわち、総供給関数は、45 度線になる。このことにより、財市場均衡モデルは、45 度線分析と呼ばれる。

5 ■ 国民所得水準の決定

① 均衡国民所得決定の図解

図 2-3 を用いて、均衡国民所得の決定について解説しよう。すでに導出した総供給関数と総需要関数を重ねて描くと、財市場を均衡させる国民所得水準を示すことができる。すなわち、総供給関数と総需要関数が交差する E 点で総供給と総需要が一致し、この点に対応する Y_0^* が均衡国民所得水準を示す。

財市場均衡について、さらに詳しく説明しよう。企業が、最終生産物の生

図 2-2　需 要 関 数

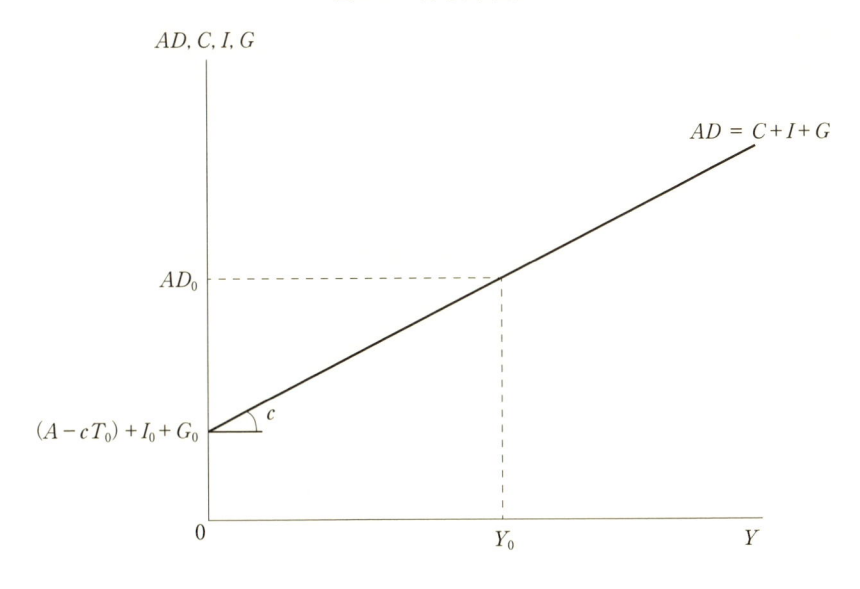

図 2-3　国民所得の決定

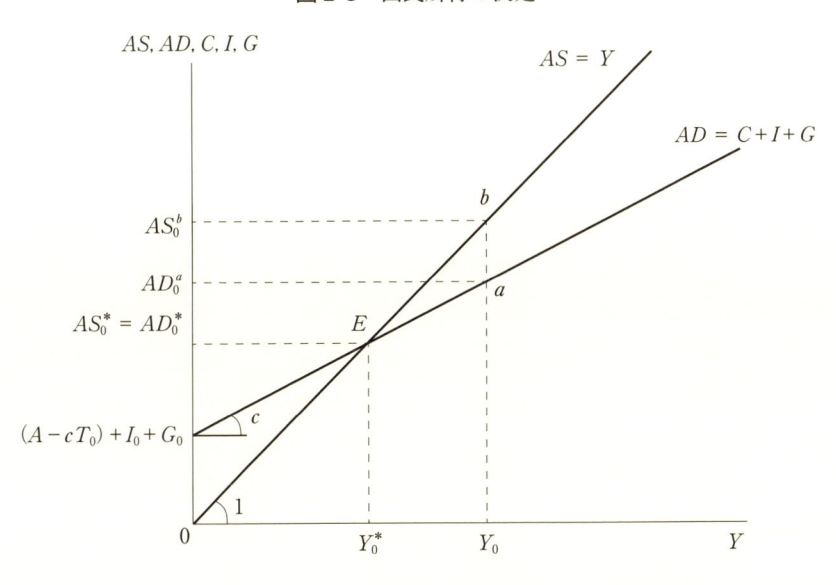

産計画である総供給を AS_0^* としたとしよう。そして、それが実行されると、国民所得水準は Y_0^* となる。このとき、家計の消費は C_0^*（$= A + c(Y_0^* - T_0)$）となり、総需要は AD_0^*（$= C_0^* + I_0 + G_0$）となる。すると、図において、総供給を AS_0^* と総需要 AD_0^* が一致しており、財市場が均衡している状態であることがわかる。この均衡において、企業が最終生産物の生産を計画にしたがって実行すると、それらは財市場ですべて購入され、計画外の在庫は発生しない。このため、企業に総供給を変更するインセンティブはない。また、国民所得にも変化は生じないので、総需要もこの水準にとどまり、均衡が維持される。こうして、国民所得水準は Y_0^* で安定する。

2 財市場均衡の安定性

　企業が計画した総供給が、財市場を均衡させる水準よりも大きい AS_0^b であったと仮定しよう。この計画が実行されると、国民所得水準は Y_0 となる。このとき、家計の消費は C_0^a（$= A + c(Y_0 - T_0)$）となり、総需要は AD_0^a（$= C_0^a + I_0 + G_0$）となる。このとき、Y_0 における総供給 AS_0^b は AD_0^a を上回っており、財市場において超過供給が発生し、企業に計画外の在庫が生じることがわかる。

　すると、企業は、総供給を減少させる数量調整を行う。また、この調整は、総供給が総需要に一致し、計画外の在庫が生じない水準まで行われるであろう。この企業の数量調節の結果、財市場において均衡が成立する。

　以上のように、企業が均衡を成立させる水準と異なる総供給を計画したとしても、数量調整の結果、国民所得は均衡に収束していく。このような場合、財市場均衡は安定的であると考える。ただし、財市場均衡が安定的であると結論づけるためには、企業が、AS_0^* よりも低い水準に総供給を計画する際にも、数量調整を通じて、市場均衡が成立することを示す必要がある。この点についても、企業が計画した総供給が財市場を均衡させる水準よりも大きかった場合と同様に、財市場均衡は安定的であることが説明できる。

③ 連立方程式モデルと均衡国民所得

(1) 連立方程式モデル

これまで説明してきた財市場均衡分析のモデルをまとめると、連立方程式で示すことができる。

$$Y = C + I + G \tag{2-14}$$

$$C = A + cY_d \tag{2-15}$$

$$Y_d = Y - T \tag{2-16}$$

$$I = I_0 \tag{2-17}$$

$$G = G_0 \tag{2-18}$$

$$T = T_0 \tag{2-19}$$

この連立方程式の解としての Y_0^* は、財市場の均衡条件式を満たす国民所得であるから、均衡国民所得と考えることができる。この Y_0^* は、(2-20)式の右辺が定数のみから構成されていることから、1つの値であることがわかる。

$$Y_0^* = \frac{1}{1-c}(A - cT_0 + I_0 + G_0) \tag{2-20}$$

また、財市場均衡において、消費が次のように行われることに注意したい。

$$C_0^* = A + c(Y_0^* - T_0) \tag{2-21}$$

(2) 均衡国民所得と総需要

マクロモデルの解として得られた均衡国民所得 Y_0^* を示す式((2-20)式)から、マクロ経済の活動水準は、カッコ内で示されている総需要を構成する国民所得水準に依存しない独立需要の大きさと、限界消費性向 c の大きさに依存して決まることがわかる。

そこで、以下、限界消費性向 c、および独立需要の大きさが変化するとき、均衡国民所得水準がどのように変化するかについて詳細に見ることにする。

6 ■ 乗 数 効 果

45度線分析において決定される均衡国民所得水準において、家計の基礎消費、企業の投資、政府支出、租税等は、分析期間の当初に計画されており、

モデルでは所与の値として扱われている。この仮定において、家計や企業は、将来の経済状況を予想してそれらの需要計画を決定するであろうし、政府は、予算プロセスを経て、需要計画である政府支出やどれだけの税金を課すかを計画する。しかしながら、分析期間において経済活動を行う過程で、これらの計画を修正する可能性がある。

　経済主体が、独立需要を変更する場合、均衡国民所得水準は変化する可能性がある。このとき、独立需要の変化によって、国民所得がその何倍変化するかを表す値は、乗数と呼ばれる。以下では、乗数効果について説明する。

⃞1 財政政策と乗数

　政府は、租税または国債の発行等で収入を得て、公共財や公共サービスに対する支出を行っている。これらは、分析期間（年度）に先立ち、通常、予算プロセスにより計画され、実行されるものとして扱われる。また、政府は、財政の機能として、経済の安定化機能を有しているため、年度途中で、景気が予想外に悪化する場合、政府支出の増加や減税などの拡張的財政政策を実施するために補正予算を組むことがある。

　これらの拡張的財政政策は、均衡国民所得を増加させる可能性がある。このとき、政府支出増大の何倍の国民所得の増加が生じるかを示す値が、政府支出乗数である。また、減税規模に対して、その何倍の国民所得の増加が生じるかを示す値が、減税乗数である。

（1）　政府支出乗数と均衡国民所得

　まず、景気回復のために、政府がその支出を G_0 から G_1 へと増加させる場合を考えよう。(2-20)式から、政府支出が $\Delta G (= G_1 - G_0)$ だけ増加すると、均衡国民所得はその $(1/(1-c))$ 倍だけ増加することがわかる。この倍数が、政府支出乗数である。政府支出の増加による均衡国民所得の増加を式で示すと、次のようになる。

$$\Delta Y = \frac{1}{1-c} \Delta G \tag{2-22}$$

$$\Delta G = G_1 - G_0 > 0 \tag{2-23}$$

限界消費性向 c の値がとりうる範囲は、ゼロよりも大きく1よりも小さい（$0 < c < 1$）と仮定されているので、政府支出乗数である（$1/(1-c)$）の値は、1よりも大きくなる。例えば、$c = 0.6$ であるとき（$1/(1-c)$）の値は 2.5 となる。すなわち、拡張的財政政策として、政府支出が増加すると、均衡国民所得はその 2.5 倍増加することになる。この 2.5 が政府支出乗数である。

(2)　租税乗数と均衡国民所得

　次に、租税が均衡国民所得に与える効果を分析する。政府が租税を T_0 から T_1 へと増税する場合を考えよう。このとき、増税が均衡国民所得に与える効果は、次式のとおりである。この式から、増税により均衡国民所得は、ΔT の（$c/(1-c)$）倍だけ減少することがわかる。この値が租税乗数である。

$$\Delta Y = \frac{-c}{1-c} \Delta T < 0 \tag{2-24}$$

$$\Delta T = T_1 - T_0 > 0 \tag{2-25}$$

　一方、政府が景気回復のために減税を行うと、均衡国民所得は、減税幅の（$c/(1-c)$）倍だけ増加することがわかる。減税の場合、ΔT が負の値（$T_1 - T_0 < 0$）となるため、その値に（$-c/(1-c)$）をかけ合わせて求めた国民所得の変化は、正の値となる。例えば、$c = 0.6$ であるとき、（$c/(1-c)$）の値は 1.5 となるから、拡張的財政政策として減税を行うと、均衡国民所得はその 1.5 倍増加することになる。租税乗数の値から（$-$）をとった（$c/(1-c)$）は、減税乗数と呼ばれる。

$$\Delta Y = \frac{-c}{1-c} \Delta T > 0 \tag{2-26}$$

$$\Delta T = T_1 - T_0 < 0 \tag{2-27}$$

(3)　数値例による理解

　本章の5節3項で解説した連立方程式モデル（(2-14)式～(2-19)式）を用いて、均衡国民所得および乗数の値について、数値例で確認しておこう。変数の定義は、これまでと同様である。

■ マクロモデル

$$Y = C + I + G \tag{2-14$'$}$$

$$C = 10 + 0.6 Y_d \qquad\qquad (2\text{-}15)'$$

$$Y_d = Y - T \qquad\qquad (2\text{-}16)'$$

$$I = 100 \qquad\qquad (2\text{-}17)'$$

$$G = 90 \qquad\qquad (2\text{-}18)'$$

$$T = 50 \qquad\qquad (2\text{-}19)'$$

■ 均衡国民所得を求める　　(2-14)′式に(2-15)′式〜(2-19)′式を代入すると、次式を得る。

$$Y = 10 + 0.6(Y - 50) + 100 + 90$$

$$(1 - 0.6)Y = 10 - 0.6 \times 50 + 100 + 90$$

$$Y = \frac{1}{1 - 0.6}(10 - 0.6 \times 50 + 100 + 90)$$

$$= 425$$

■ 乗数の値

$$\text{投資乗数}：2.5\left(= \frac{1}{1 - 0.6}\right)$$

$$\text{基礎消費乗数}：2.5\left(= \frac{1}{1 - 0.6}\right)$$

$$\text{政府支出乗数}：2.5\left(= \frac{1}{1 - 0.6}\right) \qquad (2\text{-}22)'$$

$$\text{租税乗数}：-1.5\left(= \frac{-0.6}{1 - 0.6}\right)\left[\text{減税乗数}：1.5\left(= \frac{0.6}{1 - 0.6}\right)\right] \quad (2\text{-}24)'$$

2 政府支出増加と減税の効果の比較

　政府が、拡張的財政政策として、政府支出増加または減税のどちらかを実施するとしよう。このとき、その規模が同額である場合、政府支出増加の方が、減税よりもより大きく均衡国民所得を増加させる。その差は、政府支出乗数の方が減税乗数よりも1だけ大きいことに起因する。このことを理解するために、政府支出増加および減税の乗数プロセスを比較する。

（1） 政府支出の乗数プロセス

　表2-2には、政府支出増加の乗数プロセスが示されている。政府支出の増加は財への需要（支出）の増加であるから、総需要ADをΔGだけ増加させる。これによって、財市場で超過需要が発生し、企業は総供給ASを増加させる。このとき、国民所得（Y）がΔGだけ増加する（ステップ1）。そしてこの国民所得の増加により、租税T_0を一定として、可処分所得Y_dがΔGだけ増加する。

　続いて、ステップ2では、可処分所得の増加により、家計は、それに限界消費性向をかけた値だけ、消費を増加させる（$c\,\Delta G$）。この消費の増加により総需要が増加するので、企業は総供給を増加させ、国民所得が増加する。ステップ3では、国民所得が$c^2\Delta G$だけ増加し、このプロセスは、さらに続くことになる。

　政府支出増加による均衡国民所得の増加は、表における国民所得の増加を合計すると得られる。

$$\Delta Y = \Delta G + c\,\Delta G + c^2\Delta G + \cdots\cdots = \frac{1}{1-c}\,\Delta G \tag{2-28}$$

（2） 減税の乗数プロセス

　政府が減税を行う（$\Delta T < 0$）と、可処分所得がその分増加する。ここでは、政府支出と減税の政策効果を比較するため、減税と政府支出の増加が同じ値であると仮定する（$-\Delta T = \Delta G > 0$）。この減税は、可処分所得を増加させるため、表2-3のステップ1において、それに限界消費性向をかけた値（$c\,\Delta G$）だけ消費が増加する。この消費の増加により総需要が増加するので、

表2-2　政府支出増加の乗数プロセス

政策	プロセス	ΔY_d	$\Rightarrow$	政府支出または 消費増加	$\Rightarrow$	ΔAD	$\Rightarrow$	ΔAS	$\Rightarrow$	ΔY
$\Delta G > 0$	ステップ1	$-$	$-$	政府支出増加ΔG	$\Rightarrow$	ΔG	$\Rightarrow$	ΔG	$\Rightarrow$	ΔG
	ステップ2	ΔG	$\Rightarrow$	消費増加 $c\Delta G$	$\Rightarrow$	$c\Delta G$	$\Rightarrow$	$c\Delta G$	$\Rightarrow$	$c\Delta G$
	ステップ3	$c\Delta G$	$\Rightarrow$	消費増加 $c^2\Delta G$	$\Rightarrow$	$c^2\Delta G$	$\Rightarrow$	$c^2\Delta G$	$\Rightarrow$	$c^2\Delta G$
	$\cdots$	$\cdots$	$\Rightarrow$	$\cdots$	$\Rightarrow$	$\cdots$	$\Rightarrow$	$\cdots$	$\Rightarrow$	$\cdots$

表 2-3　減税の乗数プロセス

政策	プロセス	ΔY_d ⇒ 消費増加 ⇒ ΔAD ⇒ ΔAS ⇒ ΔY				
$\Delta T < 0$	ステップ 1	ΔG ⇒	消費増加 $c\Delta G$ ⇒	$c\Delta G$ ⇒	$c\Delta G$ ⇒	$c\Delta G$
減税 $(-\Delta T)\,[=\Delta G]$	ステップ 2	$c\Delta G$ ⇒	消費増加 $c^2\Delta G$ ⇒	$c^2\Delta G$ ⇒	$c^2\Delta G$ ⇒	$c^2\Delta G$
	ステップ 3	$c^2\Delta G$ ⇒	消費増加 $c^3\Delta G$ ⇒	$c^3\Delta G$ ⇒	$c^3\Delta G$ ⇒	$c^3\Delta G$
	…	… ⇒	… ⇒	… ⇒	… ⇒	…

企業は総供給を増加させ、国民所得が $(c\,\Delta G)$ だけ増加する。次にステップ 2 では、ステップ 1 で生じた国民所得による可処分所得の増加に限界消費性向をかけた $(c^2\Delta G)$ だけ消費が増加するため、同じ値だけ、国民所得が増加する。そして、このステップ 3 では、$(c^3\Delta G)$ の国民所得の増加が生じ、このプロセスは、さらに続く。

　減税による均衡国民所得の増加は、表における国民所得の増加を合計すると得られる。

$$\Delta Y = c\,\Delta G + c^2\Delta G + \cdots\cdots = \frac{c}{1-c}\Delta G \tag{2-29}$$

$$\Delta Y = c(-\Delta T) + c^2(-\Delta T) + c^3(-\Delta T)\cdots\cdots = \frac{c}{1-c}(-\Delta T) \tag{2-30}$$

ただし、$-\Delta T = \Delta G > 0$　　　　　　　　　　　　　　　　　　　　　(2-31)

(3)　政府支出乗数と減税乗数の違い

　政府が同規模の政策を行う場合、政府支出の方が、減税よりも均衡国民所得をより大きく増加させる。このことは、両者の乗数プロセスを比較するとより明確に理解できる。政府支出の増加は、政府による財・サービスへの支出であるので、直接総需要の増加を生じさせる（(2-28)式右辺第 1 項）。

　一方、減税の場合、それが総需要を直接増加させることはない。減税は、その分可処分所得を増加させ、それが消費を増加させることで、総需要が増加し、国民所得の増加が生じるのである（(2-29 式)右辺第 1 項）。

以上のことから、両政策による効果である均衡国民所得の増加の差は政策規模の ΔG であり、このことから、政府支出乗数が、減税乗数よりも 1 大きいことが理解できる。

$$\frac{1}{1-c} > \frac{c}{1-c} \tag{2-32}$$

$$\frac{1}{1-c} - \frac{c}{1-c} = 1 \tag{2-33}$$

③ 均衡予算乗数の定理

　ここでは、政府が増税により資金調達をして、政府支出の増加を行う政策の効果について検討する。いま、政府が増税 ΔT を行うことで調達した資金で、政府支出の増加 ΔG（$= \Delta T > 0$）を行ったとする。すなわち、増税と同額の政府支出の増加を、同じ分析期間内に行うとする。

　このとき、政策規模に対する、国民所得増加の倍数は、均衡予算乗数と呼ばれる。$\Delta G = \Delta T$ を考慮して、政策効果を式で示すと、次式のようになる。この式は、同額の増税を伴う政府支出の増加により、均衡国民所得は政府支出の増加に等しく増大することを示している。このことから、均衡予算乗数の値が 1 となることがわかる。

$$\Delta Y = \frac{1}{1-c} \Delta G + \frac{-c}{1-c} \Delta T = \Delta G \tag{2-34}$$

7 ■ 投資乗数と基礎消費乗数

① 投 資 乗 数

　企業は、すでに保有している資本設備、および在庫の量を考慮し、利子率（金利）等の金融要因や将来の景気予想等に基づいて、今年度の設備投資計画と在庫投資計画を決定すると考えられる。45 度線分析では、この設備投資計画と在庫投資計画の合計である投資が、I_0 であると仮定して、国民所得水準が決定された。

一方、分析期間、例えば年度の途中において、将来の需要予測を上方修正する状況が生じた場合、生産設備を増強するために、企業は投資を I_1 に増加させるかもしれない。この投資の変化 ΔI に対して、均衡国民所得が何倍増加するかを示す値が、投資乗数（$1/1-c$）である。

$$\Delta Y = \frac{1}{1-c} \Delta I \qquad (2\text{-}35)$$

ただし、この章の分析は、生産における短期を仮定して行われているので、投資の増加は、今期、総需要の増加を生じさせるが、生産能力を変化させないことには注意を要する。

2 基礎消費乗数

家計の消費において、基礎消費 A は所与の値として扱われてきたが、家計は、例えば、保有している資産価格の変動を受けて、基礎消費を増減させる可能性がある。経済学では、資産価格が上昇し、所有している資産価値が上昇することで、家計が消費を増加させる効果として、資産効果が知られている。反対に、資産価格の下落が生じた場合、家計は消費を減少させる可能性がある。

基礎消費の変化 ΔA に対して、均衡国民所得が何倍増加するかを示す値が、基礎消費（$1/1-c$）である。

$$\Delta Y = \frac{1}{1-c} \Delta A \qquad (2\text{-}36)$$

8 ■ 限界消費性向の値と乗数の値

限界消費性向の値は、乗数の大きさにどう影響するであろうか。例えば、投資乗数や政府支出乗数の大きさは、（$1/1-c$）であることから、分母のマイナス要因として入っている限界消費性向が上昇すると大きくなり、低下すると小さくなることがわかる。このような結果は、すでに説明した乗数プロセスからも理解できる。

政府支出乗数を例にとると、政府支出が増加すると、それは総需要の増加であるため、財市場で需要超過が発生し、企業が総供給を増大させるため、国民所得が増加する。そして、これによって家計の可処分所得が増加し、これに限界消費性向をかけた値だけ消費が増加して、さらに国民所得が増加する。このとき、限界消費性向の上昇は、一定の所得増加に対する消費の増加を大きいものとするから、その値が大きいほど乗数の値が大きくなるのである。

第3章

資産の理論価格 ■

　経済において、さまざまな資産が存在する。企業が収益を得ることを期待して、資本ストック（生産設備）や在庫等の耐久財を購入することを投資と呼ぶが、これらの資本ストックと在庫は実物資産と呼ばれる。これらの実物資産以外に、経済において、株式や債券等、さまざまな金融資産が存在する。

　経済学において、これら実物資産および金融資産が取引される価格は、市場における需要と供給によって決定されると考えられている。一方、経済学には、資産が理論的にどれくらいの価値をもつかについて、理論価格という考え方がある。そこで本章では、資産の理論価格がどのように決まるかについて解説する。

　経済主体が資産を保有する目的は、経済的な利益を得ることであろう。また、資産を入手すると、一般に、購入した時期にとどまらず、購入者は将来にわたって利益を得られる可能性がある。ただし、損失が発生する可能性もある。したがって、資産の理論価格は、将来得られるであろう利益を考慮して計算されることになる。

　このとき、経済学では、資産を購入したときの一定金額（例えば1万円）と、将来の同額（1年後の1万円）を同じ価値とはみなさない。なぜならば、いま1万円をもっている場合、それを銀行預金等で運用することにより、利子を得ることができるからである。この点を考慮すると、資産の理論価格は、将来の予想収益を、資産購入時の価値に直して考える必要がある。この価値は、割引現在価値と呼ばれる。

　そこで、この割引現在価値の考え方について見ていこう。

1 ■ 現在価値と将来価値

　割引現在価値の考え方を理解するために、まず、現在価値と将来価値について説明する。いま、ある人が、あるとき、一定の資金をもっているとする。この額は、そのときの現在価値と呼ばれる。一方、その資金を使って、金融市場で運用すると収益を稼げる可能性がある。この収益を含めて将来得られる金額を、将来価値と呼ぶ。

　投下する資金に対してどれだけの収益を得ることができるかを比率にしたものは、収益率と呼ばれる。収益が銀行預金等の利子の場合、収益率は利子率ということになる。すなわち、現在価値と将来価値は、利子率によって関連づけられる。また利子率には、毎期、元本に対して利子がつく単利と元利合計に利子がつく複利があるが、以降、利子率という場合は、複利を指すこととする。

1 将来価値

　まず、表3-1における簡単な例で、複利計算について確認しておこう。いま、100（万円）を年率5％の利子率で、1年間運用したとする。100は、1年後、$[(1+0.05) \times 100]$となる。このとき、運用開始時の100は現在価値である。また、表に示された$[(1+0.05) \times 100]$は、資金100の1年後の将来価値である。同様に考えて、利子率が5％の場合、資金100の2年後の将来価値は、$[(1+0.05)^2 \times 100]$である。表3-1には、利子率が5％である場合、100の1年後から5年後までの将来価値がどう対応するかを示してある。

表3-1　現在価値と将来価値の関係

現在価値	将来時点	将来価値
100	⇒ 1年後	$(1+0.05) \times 100$
100	⇒ 2年後	$(1+0.05)^2 \times 100$
100	⇒ 3年後	$(1+0.05)^3 \times 100$
100	⇒ 4年後	$(1+0.05)^4 \times 100$
100	⇒ 5年後	$(1+0.05)^5 \times 100$

現在価値を PV、利子率を r とすると、n 期後の将来価値 FV は次式のように示すことができる。

$$FV = (1+r)^n PV \tag{3-1}$$

② 割引現在価値

割引現在価値は、将来の一定の価値が現在時点の価値にして、どれくらいになるかを示す。一定の将来価値から割引現在価値を求めるためには、表3-2 にあるように、現在価値から将来価値を求める方法と逆の操作をすればよい。

例えば、1 年間の利子率 5% を考慮すると、1 年後の将来価値 $[(1+0.05) \times 100]$ を $(1+0.05)$ で割ることにより、割引現在価値 100 を求めることができる。また、2 年後の将来価値 $[(1+0.05)^2 \times 100]$ の場合、それを $(1+0.05)^2$ で割ることにより、割引現在価値 100 を求めることができる。同様にして、他の期の将来価値も、現在から将来にかけて、複利 r で利子がつくことを考慮すると、表にあるとおりに求めることができる。

利子率を r とすると、n 期後の将来価値 FV の割引現在価値 PV は、次式のように示すことができる。

$$PV = \frac{1}{(1+r)^n} FV \tag{3-2}$$

このように、将来価値を現在価値に割り戻すために利用している利子率は、割引率とも呼ばれる。

ただし、将来価値の実現が不確実である場合、その割引現在価値を求める

表 3-2　割引現在価値と将来価値の関係

割引現在価値		将来価値	将来時点
100	$\Leftarrow$	$(1+0.05) \times 100$	1 年後
100	$\Leftarrow$	$(1+0.05)^2 \times 100$	2 年後
100	$\Leftarrow$	$(1+0.05)^3 \times 100$	3 年後
100	$\Leftarrow$	$(1+0.05)^4 \times 100$	4 年後
100	$\Leftarrow$	$(1+0.05)^5 \times 100$	5 年後

際には、利子率に将来価値の実現における不確実性（リスク）に帰因する割引率の上乗せであるリスクプレミアムを加える必要がある。当面、リスクプレミアムがゼロであるとして、利子率を割引率として用いることにする。

2 ■ 個別企業の投資プロジェクトの実行の条件

　第2章の財市場均衡を考える際に、財市場に関連する実物変数以外は、所与と考えられた。後掲の第5章のIS-LM分析では、貨幣市場をマクロ経済モデルに導入する。そこでは、財市場均衡分析の際には所与とされた利子率が、貨幣市場で決まるため、モデル内で決定される変数として導入される。このように、モデルの中で決定される変数を内生変数という。一方、モデルの外で決定され、所与として扱われる変数は外生変数と呼ばれる。

　そこで、この章の2節、3節では、貨幣市場で決定される利子率が変化する可能性を考慮に入れて、利子率と投資の対応関係である投資関数について説明する。個別企業は、一般に、複数の投資プロジェクトをもっているであろう。それらのうち、実行されたものが個別企業の投資であり、それを一国レベルに集計するとマクロの投資額（量）ということになる。

　そこでまず、個別の投資プロジェクトが実行される条件について説明しよう。

⬜1 予想収益の割引現在価値合計と費用による条件

　企業が行う投資とは、資本ストックの増加につながる資本財の購入である。例えば、自動車を生産している企業が、生産のための機械を購入する投資プロジェクトについて、それを実行するかどうか検討しているとする。このとき、どのような条件が満たされれば、この企業はこの投資プロジェクトを実行するであろうか。当然、ある程度の収益が得られると期待される場合に、その投資プロジェクトが実施されると考えられるが、どの程度の収益が必要であろうか。

　以上の問いに答えるに際して、この機械、すなわち資本財の需要価格と供

給価格の大小関係が重要である。ここでは財市場が、完全競争状態であると仮定される。すなわち、多数の売り手と買い手が存在し、各企業はプライステイカーとして行動する。プライステイカーとは、この資本財の価格が、財市場で決定されており、個別企業は、それを所与として扱うことを意味する。この資本財の供給価格のもとで、投資プロジェクトにかかる費用は、当該企業にとって所与となる。

　一方、この投資プロジェクトの実行において、この機械がもつ価値は、それを使って生産を行うことで得られる予想収益の割引現在価値合計に等しいと考えられる。

　そこで、具体的に次のようなケースを考えよう。投資プロジェクトとして検討している機械を今期の始めに購入して生産に投入すると、3年間、毎期の期末（例えば年度末）に10億円の収益が見込まれると仮定しよう。期間が3年間であるのは、単純化のため、この機械の耐用年数を3年としたためである。表3-3には、利子率3%のもとで、毎年得られる予想収益の割引現在価値とその合計が示されている。

　この表から、この投資プロジェクトを実施したときに得られる予想収益の割引現在価値が27.23億円であることがわかる。一方、この投資プロジェクトを実施するための費用が25億円であるとする。このとき、予想収益の割引現在価値合計が費用を上回っており、プロジェクトは実施されるであろう。一方、費用が28億円であったならば、予想収益の割引現在価値合計が費用

表3-3　予想収益の割引現在価値合計

現在価値	1年後	2年後	3年後
$9.52 = \dfrac{10}{(1+0.03)}$	$\Leftarrow$ 10		
$9.07 = \dfrac{10}{(1+0.03)^2}$	$\Longleftarrow$	10	
$8.64 = \dfrac{10}{(1+0.03)^3}$	$\Longleftarrow$		10
27.23			

を下回るため、プロジェクトは実行されないであろう。

　これまでの説明から、企業が個別の投資プロジェクトを実施するか否かの判断は、プロジェクトの予想収益の割引現在価値合計 PV とその費用 C との関係で決まることがわかる。そこで、一般化して、投資プロジェクトが実施されるか否かの条件を整理しておこう。

　まず、ある投資プロジェクトについて、その期間を n、i 期末に得られると予想される収益を Q_i、利子率を r とすると、予想収益期の割引現在価値は、次式のように示される。

$$PV = \frac{Q_1}{(1+r)} + \frac{Q_2}{(1+r)^2} + \frac{Q_3}{(1+r)^3} + \cdots\cdots + \frac{Q_{n-1}}{(1+r)^{n-1}} + \frac{Q_n}{(1+r)^n}$$

(3-3)

　この投資プロジェクトの実施に必要な費用を C とすると、投資プロジェクトを実行する条件を、下のように示すことができる。

投資プロジェクトからの PV と C の関係　　　実行の可否
$$PV \geqq C \qquad\qquad \rightarrow \quad 実行する$$
$$PV < C \qquad\qquad \rightarrow \quad 実行しない$$

② 投資プロジェクトの収益率

　企業が投資を行う場合、通常、その投資プロジェクトの収益率と資金調達にかかる費用としての利子率が問題となるであろう。そこで、まず、投資の収益率について説明しよう。1 期間で考える場合、収益を投資額で除すことで、投資収益率を計算できる。例えば、年度の始めに 28 億円の機械を購入して、その年度末に 1 億円の収益があった場合、収益率は 3.57 ％（ $= 1/28 \times 100$ ）となる。しかしながら、多期間にわたって収益が発生する場合の収益率はどのように計算されるであろうか。例えば、機械を 3 年間使用する場合は、次式のように予想収益の合計（右辺）を、機械の購入費用（左辺）に一致させる割引率の値 ρ を収益率と考える。

$$28 = \frac{10}{1+\rho} + \frac{10}{(1+\rho)^2} + \frac{10}{(1+\rho)^3} \qquad (3\text{-}4)$$

この式から、投資収益率 ρ を計算すると、その値は 0.353、つまり 3.53％ということになる。この値は、投資 1 単位から得られる収益の値であると考えることができる。そして、この結果は、銀行から利子率 3.53％で資金 28 億円を借り、この機械を購入したと仮定すると、予想される収益のすべてを返済に充て、ちょうど 3 年間で 28 億円を返済し終わることを示している。しかし、実際は、利子率が 3％であるから、企業には、収益から利子を払っても、利益が残ることになり、企業はこの機械を購入する投資プロジェクトを実行するべきである。以上のことから、投資収益率が利子率を上回る場合に、その投資プロジェクトは実行されると結論づけることができる。

これまでのことを、一般化しておこう。投資プロジェクトの収益率 ρ について、その期間を n、i 期末に得られると予想される収益を Q_i、必要な費用を C として式で示すと、次のようになる。

$$C = \frac{Q_1}{(1+\rho)} + \frac{Q_2}{(1+\rho)^2} + \frac{Q_3}{(1+\rho)^3} + \cdots\cdots + \frac{Q_{n-1}}{(1+\rho)^{n-1}} + \frac{Q_n}{(1+\rho)^n}$$

$$(3\text{-}5)$$

投資プロジェクトが実行される条件である、$PV \geqq C$ が成立するとき、次式が成り立つ。

$$\frac{Q_1}{(1+r)} + \frac{Q_2}{(1+r)^2} + \cdots\cdots + \frac{Q_n}{(1+r)^n}$$

$$\geqq \frac{Q_1}{(1+\rho)} + \frac{Q_2}{(1+\rho)^2} + \cdots\cdots + \frac{Q_n}{(1+\rho)^n} \quad (3\text{-}6)$$

分数の値は、分母の値が大きいほど小さいことに注意すると、この式が成立するとき ρ が r 以上であることがわかる。

$$\rho \geqq r \qquad (3\text{-}7)$$

企業がある投資プロジェクトを実行するための条件として、投資収益率が利子率以上という条件が必要であることが確認された。逆に、$\rho < r$ となり投資収益率が利子率を下回る投資プロジェクトは、実施されない。

③ 企業が自己資金をもっている場合

　企業が投資を検討する際に、自己資金をもっている場合がある。実際、企業は、減価償却費や内部留保という形で貯蓄を行っているので、それを使って投資を行うこともできる。

　経済学では、機会費用という考え方があり、何か経済活動を行うことで、他の経済活動を行えなかったことによる利益の機会の逸失を費用と考える。利子率は、企業が自己資金を用いて投資を行う場合の機会費用と考えることができる。すなわち、企業は、自己資金で投資し、そこから収益を得ることができるが、その場合、資金を資産市場で運用すれば得られたであろう利子を失うことになるので、利子率を機会費用と考える。

　したがって、投資プロジェクトを実行することにより予想される収益率が利子率以上とならない限り、企業はそれを実行しない。すなわち投資収益率と利子率を比較して、投資プロジェクトを実行するかどうかを決める条件は、企業が自己資金をもっている場合も成立する。

3 ■ 企業の投資量

　企業は、通常、複数の投資プロジェクトをもっていると考えられる。それらの中で、投資の収益率が利子率以上の投資が行われると仮定する。図3-1には、ある企業が検討している投資プロジェクト A ～ D とそれぞれの費用および収益率が示されている。図3-1の階段式の線は、縦軸に収益率、横軸に投資量（額）を測り、各投資プロジェクトにかかる費用と収益率の組み合わせを、収益率の高いプロジェクト順に並べて示したものである。また、利子率の水準（3%）も示してある。

　この企業の投資量の決定において、投資収益率が利子率以上であるという条件を考慮すると、3%以上の収益率をもつプロジェクト A、B、および C が実行されることになる。プロジェクト A の費用は1億円、プロジェクト B の費用は1.2億円、プロジェクト C の費用は1.8億円であるから、この企業の分析期間（例えば、1年）における投資計画は、それらを合計した4億

図3-1　個別企業の投資量の決定

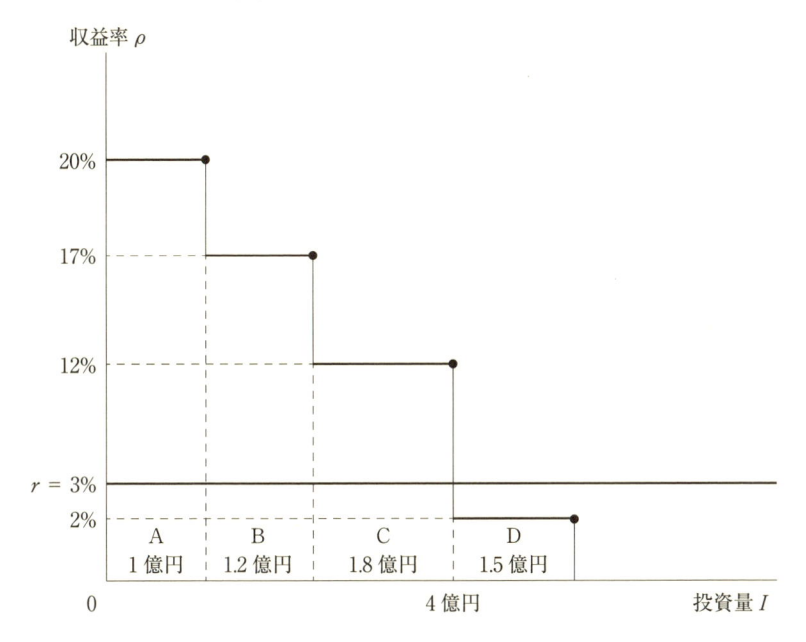

円ということになる。ただし、この節では、名目値である投資額と実質値である投資量は同等に考えることができるので、図において投資額を投資量と示していることに注意してほしい。

4 ■ マクロ投資量──投資関数

１ マクロ経済における投資の限界効率表

　これまで説明した個別企業の投資量の決定を基礎にして、一国レベルの集計量であるマクロ投資量の決定について説明しよう。一国に多数存在する企業の投資量と収益率の関係を水平的（横）に集計すると、マクロの投資量と収益率の対応関係が得られる。この関係は、投資の限界効率表と呼ばれる。投資の限界効率とは、投資を１単位追加的に実行した際の収益率のことである。また、投資の限界効率表は、国内に存在する投資プロジェクトを収益率

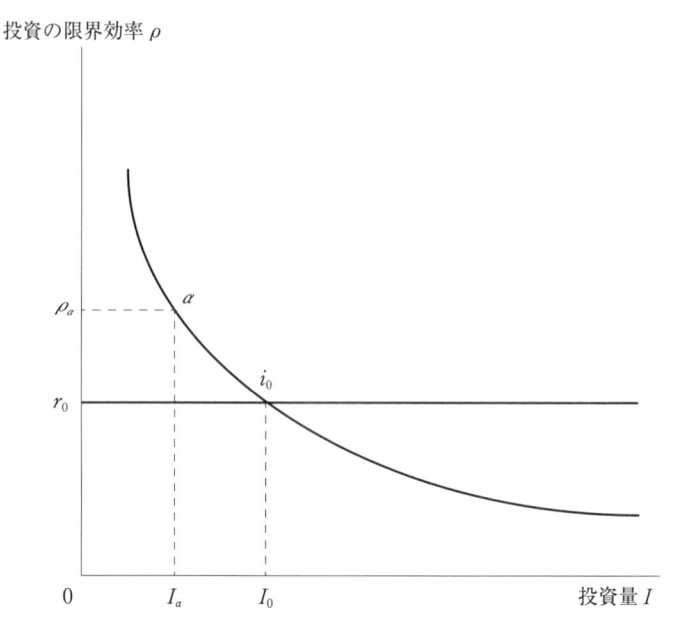

図 3-2　投資の限界効率表とマクロ投資量

の高い順に並べたものと考えることができる。

　図 3-2 は、マクロの投資の限界効率表を示している。図示された投資量と限界効率の関係は、一国に多数存在する個別企業の企業の投資量と収益率の関係を水平的に集計して、一定のスケールで描かれたため、なめらかな曲線で示されると考えるとよい。

　この投資の限界効率表上の 1 点、例えば a 点について見てみよう。この a 点の高さは、この点に対応する投資量 I_a において、追加的 1 単位の投資の限界効率 ρ_a を示している。

　この投資の限界効率表を用いたマクロ投資量の決定は、個別企業の投資量の決定と同様に考えることができる。すなわち、追加的投資が行われるためには、その 1 単位の投資の限界効率が利子率以上でなければならないという条件が必要となる。結果として、この国では、投資の限界効率が利子率以上となっている投資プロジェクトがすべて実施されるであろう。図において、

市場利子率が r_0 の水準であるとすると、そこで引かれた水平線と投資の限界効率表が交差する i_0 に対応する I_0 の水準に、投資量が決定される。

2 投資関数——利子率と投資量の関係

　個別企業の投資量と収益率の関係をマクロレベルへと集計すると、一国における投資の限界効率表が得られる。そして、資産市場で決定される利子率が与えられると、マクロ投資量が決定される。このとき、投資量が投資の限界効率と利子率が一致する水準に決まるため、それを投資量と利子率の対応関係と読み替えると、次式のマクロ投資関数を得る。

$$I = I(r) \tag{3-8}$$

$$\frac{\Delta I}{\Delta r} < 0 \tag{3-9}$$

　資産市場で利子率が変化すると、マクロ投資量も変化する。例えば、図

図3-3　マクロ投資関数

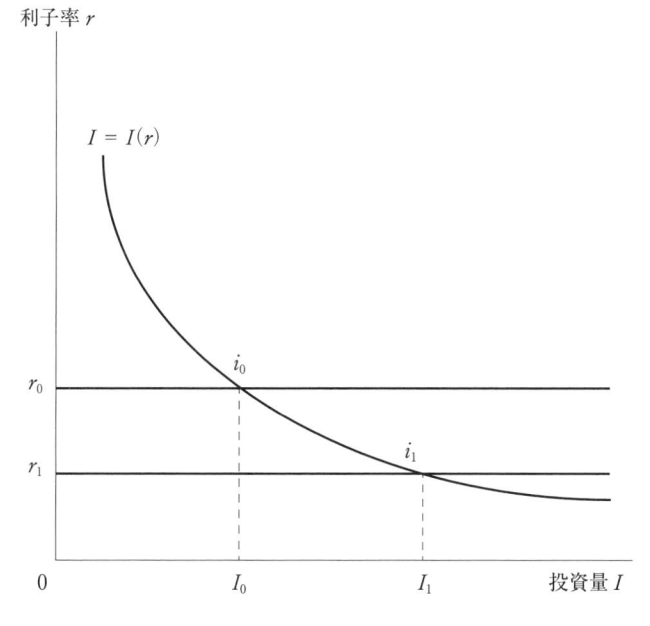

3-3において利子率が r_0 からと r_1 へと低下すると投資量が I_0 から I_1 へと増加することが確認できる。すなわち投資関数において、利子率が低下すると投資量は増加する。逆に利子率が上昇すると投資量は減少する。投資量と利子率がこのような対応関係にあるとき、投資（量）は利子率の減少関数であるといわれる。

③ 投資の限界効率表の変化と投資量

　企業の投資が変動する要因として、利子率以外にも、予想収益の変化が考えられる。例えば、経済環境が変化して、同じ投資プロジェクトからの予想収益が変化する可能性がある。ここでは、経済環境の改善により、投資プロジェクトからの予想収益が増加する場合について考えよう。このとき、各投資プロジェクトの投資の限界効率が高まるので、投資の限界効率表が上方にシフトし、投資関数も上方シフトする。このため、利子率が一定である場合、

図 3-4　投資関数のシフトと投資量の変化

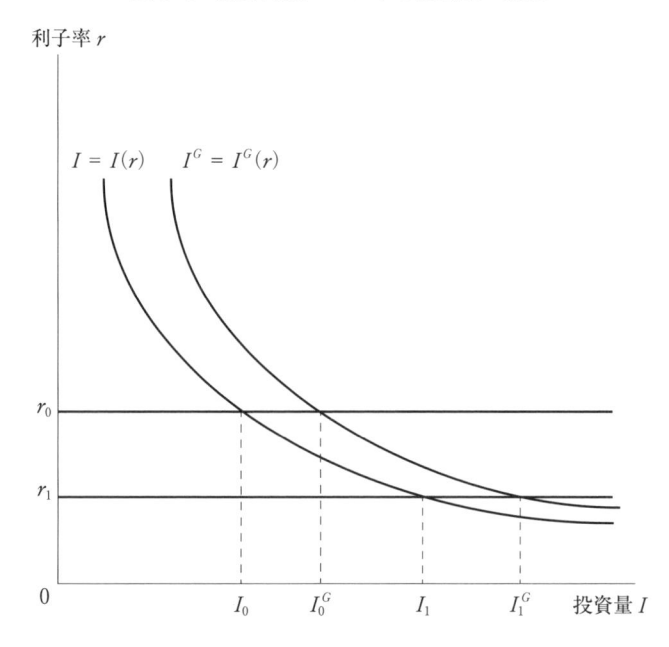

投資量は増加することになる。

　図 3-4 において、経済環境の改善期待に伴い投資関数が上方シフトすることで、利子率が r_0 の場合に投資量が I_0 から I_0^G へと増加し、利子率が r_1 の場合に投資量が I_1 から I_1^G へと増加することが示されている。

　逆に、経済環境が悪化することが予想される場合、企業による予想収益が減少することで、投資関数が下方にシフトし、一定の利子率のもとで投資量が減少する可能性もある。

第4章
貨幣市場均衡と利子率の決定 ■

　この章では、ケインズが提唱した流動性選好説にしたがって、利子率の決定について解説する。この流動性選好説において、利子率は、貨幣供給と貨幣需要が一致するように決定される。また、利子率は、金融政策によってコントロールされる可能性がある。この点についても説明する。

1 ■ 金　　　融

⬚1 金融とは

　金融とは、経済において、資金の運用と調達、すなわちお金の貸し借りのことをいう。資金が取引される背景には、資金が余っている資金余剰主体と、資金が足りない資金不足主体の存在をあげることができる。例えば、ある企業が1億円の投資プロジェクトを実行する際に、それに使える自己資金は4000万円ほどあるが、残りの6000万円を資金調達しないとプロジェクトを実行できないとする。このような場合、企業は、銀行借り入れ、社債の発行、株式の発行などにより、6000万円の資金を調達することを検討する。この企業のように、資金が足りない経済主体を資金不足主体という。

　一方、ある年度、ある家計の可処分所得が500万円であるとしよう。この家計は、将来、住宅を購入することを目標にしており、今年度は400万円の消費を行い、残りの100万円を貯蓄するとしよう。この家計のように、資金が余っている経済主体を資金余剰主体という。

　資金余剰主体と資金不足主体との間で行われる金融取引では、さまざまな金融資産が取引される。これらのうち、国債・社債、株式等の金融資産の取

引条件は、不特定多数が参加する市場で、競り合いを通じて決定される。このような取引は市場型取引と呼ばれる。以下では、市場型取引において、金融資産の取引条件である利子率がどのように決定されるかについて見ていこう。

② 金融取引の条件

　金融取引において、さまざまな金融資産は、それぞれの条件で取引される。その中心的な役割を果たす金利（利子率）は、貸し借りが終了する満期までの期間とリスクによって、金融資産ごとに異なる。金融取引におけるリスクとは、債務不履行や金利の変動等の可能性と考えるとよい。また、一般に満期までの期間が長いほど、これらのリスクは高まると考えられる。そしてリスクが高い場合、金利にはリスク・プレミアムが上乗せされる。したがって、一般的に、満期までの期間が長いほど、金利は高くなる傾向がある。

　さらに、国債等は、発行された後、流通市場で売買されるため、購入者は購入時の価格よりも高い価格で売却することによる値上がり益（キャピタルゲイン）を得る可能性がある。反対に、購入者は購入時の価格よりも低い価格で、資産を売却することで損失（キャピタルロス）を被る可能性もある。以上のように金融資産の収益率は、場合によっては、金利に加えて、キャピタルゲイン（ロス）を含む場合もある。

　また、株式の場合は、企業の一定率の所有権に対応するので、利潤から配当を受ける可能性のある資産である。したがって、資金の提供者と調達者である企業の貸借関係があるわけではないが、企業の資金調達手段となっていることから、株式の取引も金融取引の1つと考えることができる。そして、株式の収益率は、配当とキャピタルゲイン（ロス）を考慮して算出される。これらの源泉となるのは、基本的に、企業の利潤である。

2 ■ 貨幣の定義について

① 貨幣の機能

　貨幣も金融資産として保有されることがある。例えば、タンス預金という

言葉があるように、人は現金を資産として保有することがある。しかし、貨幣は、財・サービスの価値を表示したり、それらを購入する際の対価として、買い手が売り手に渡す場合もある。以下では、これらの特徴をもつ貨幣について、詳細に見ていこう。

　歴史的に見ても、貝殻、金属、毛皮、小麦、紙等が、貨幣の役割を果たしてきた。それら貨幣には、いくつかの機能があると考えられている。経済学では、貨幣がもつ支払い手段、価値尺度、価値貯蔵手段の3つの機能に着目する。以下、それぞれ解説しよう。

(1)　支払い手段

　貨幣は、財・サービスを購入する際に、支払い手段として用いられる。これが、貨幣の支払い手段としての機能である。先にいくつかあげた歴代の貨幣は、買い手が財・サービスを購入する際に、売り手にその対価として支払われたものである。このように、貨幣が支払い手段として機能するためには、当事者が、取引において、全般的にそれを受け入れる必要がある。これを、一般受容性といい、人々の貨幣への信頼性がその基礎になる。

　また、一般受容性をもった貨幣が存在する経済は、物々交換経済と比較して、経済厚生が高くなると考えられている。一方、物々交換経済では、次のような要求の二重の一致がないと、取引が成立しない。例えば、ある人が漁に出て獲ったアワビを 10 個保有しており、それと引き換えに、イノシシを 1 頭ほしいと考えているとする。この人の要求が満たされるためには、イノシシ 1 頭を保有していて、それを手放してアワビを 10 個入手したいと考えている人を探さなければならない。これらの人がうまく出会うことができれば取引は成立するが、そうでないと、ある人の要求は満たされない。

　しかしながら、貨幣が存在する経済では、ある人は、アワビを売って貨幣を手に入れて、その後、イノシシを買いに行くことができる。こうして、要求の二重の一致が成立しなくても、経済における取引が行われる。したがって、貨幣が存在する経済厚生は、物々交換経済と比較して、高いと考えられる。

(2) 価値尺度

　支払い手段を説明した際の物々交換の例では、ある人にとって、アワビ10個の価値は、イノシシで測ると1頭であった。では、その人にとって、アワビ10個の価値は、ニンジンだったら何本分で、マツタケだったら何本分なのであろうか。社会には、他にも多種類の財・サービスが存在することを考えると、それぞれアワビ10個の価値を考えることが必要になる。一方、貨幣が存在すれば、財・サービスの価値を貨幣単位で測ることができる。このような貨幣の価値尺度機能は、経済取引を円滑なものとすることで、経済厚生を高めると考えられている。

(3) 価値貯蔵手段

　貨幣は、一定の価値をもち、支払い手段として用いることで、財・サービスを購入できる。一方、貨幣を金融資産として保有することで、将来の財・サービスの購入に使うことができる。このことは、貨幣が、現在から将来にかけて、価値を貯蔵する機能をもっていることを示している。

　また、貨幣を保有することで、物価の変動がない場合は、一定の価値を維持することができる。例えば、今日100万円を保有していて、1年間貯蔵しても、その価値は100万円である。このように、貨幣は価値が安定している安全資産である。ただし、貨幣には、通常、利子や配当がないため、保有しても収益を得ることができない。

　以上のことから、貨幣は、収益率がゼロかきわめて低い安全資産であるという性質を有する。

② 現実の貨幣の供給について——マネーストック統計

　現実の経済において、貨幣の機能を備える金融資産として、どのようなものがあるだろうか。例えば、現金が貨幣の3つの機能を備えていることに異論を唱える人はいないであろう。また、普通預金、当座預金、通知預金などの要求払い預金についても、リスクも収益率も低い資産であるから、貨幣と考えることに無理はないであろう。これらは、支払い手段として使用可能である流動性が高い資産である。

流動性とは、資産形態の転換のしやすさの程度を意味し、流動性が高い資産ほど、支払い手段としても、価値貯蔵手段としても優れているということができる。この点で、価値変動の可能性の高い資産は、流動性が低く、貨幣とは呼びにくくなるが、ある程度、価値の変動の可能性を受け入れることで、貨幣の定義が広がる。

　我が国の中央銀行である日本銀行は、貨幣供給に関するマネーストック統計を公表している。ここで、マネーストックとは、一般法人、個人、地方公共団体などの通貨保有主体が保有する現金通貨や預金通貨などの通貨量の残高のことである。また、マネーストック統計では、統計に含める対象とする金融商品の範囲とそれらを提供している発行主体の範囲に応じて、M_1、M_3、M_2、広義流動性の4つの指標が作成され、公表されている。

(1)　M_1 について

　M_1 は、もっとも流動性が高く、現金通貨と預金通貨で構成されている。現金通貨とは、銀行券発行高と貨幣流通高の合計である。また、預金通貨は、主に、要求払い預金（当座、普通等）残高で構成されている。ただし、預金通貨の発行者は、全預金取扱機関とされている。この全預金取扱機関には、ゆうちょ銀行を含む国内の銀行、外国銀行在日支店、信用金庫等の国内銀行などのほかに、農業協同組合等が含まれている。

(2)　M_3 について

　M_3 は、M_1 に全預金取扱機関の準通貨および CD（譲渡性預金）を加えた残高で構成されている。準通貨は、定期性預金等の残高で構成されている。なお、通貨の発行主体は、M_1 と同じである。

(3)　M_2 について

　M_2 は、金融商品の構成は M_3 と同じであるが、ゆうちょ銀行、農業共同組合等は、預金通貨の発行主体に含まれない。

(4)　広義流動性

　広義流動性は、M_3 に金銭の信託、投資信託、金融債等を加えた指標である。

　図 4-1 は、「マネーストック統計の解説」（日本銀行）に掲載されたもので、現実の金融政策について理解する際には有用である。現実の金融政策に興味

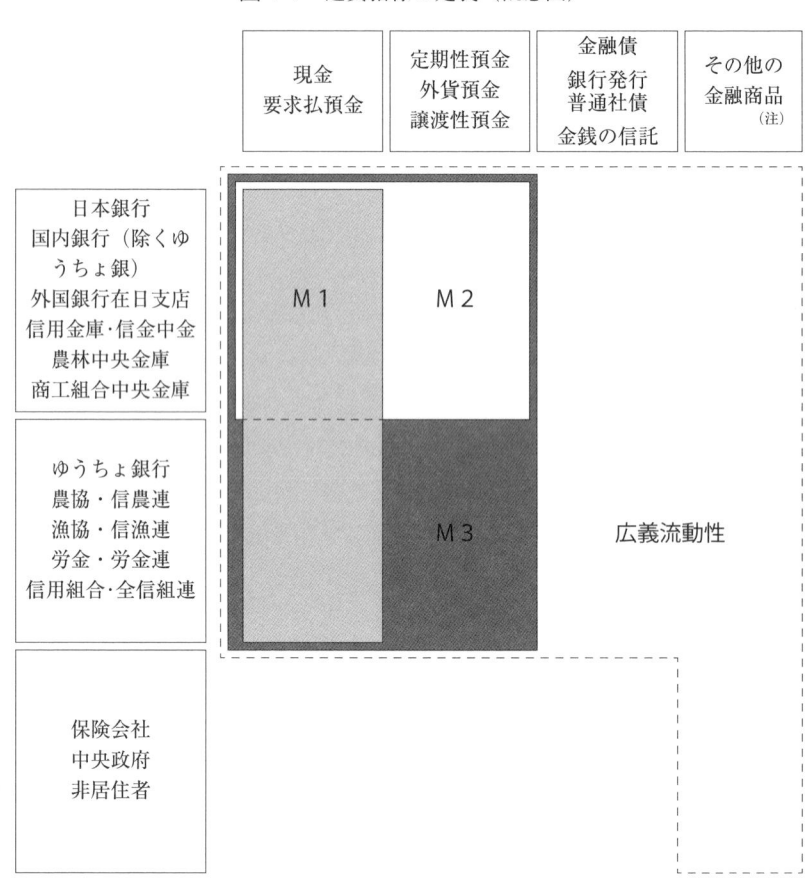

図4-1　通貨指標の定義（概念図）

（注）金融機関発行CP、投資信託（公募・私募）、国債、外債
（出所）日本銀行「マネーストック統計の解説」2017年、p.1-1

のある読者は、巻末の参考文献にある金融論のテキストとともに、この資料を一読することをお勧めする。

3 ■ マネーサプライ

これまでの説明から、いくつかの貨幣の定義があることがわかった。そこ

で、以下では、モデル分析を行うために、便宜上、経済において、リスクと収益率がゼロかまたは非常に低い貨幣と、市場価値が変動するリスクはあるが、収益が得られる可能性のある債券の2種類の資産のみが存在すると仮定することにする。

また、マネーサプライ M（貨幣供給）は、現金 C と預金通貨 D の残高の合計と定義される。このとき、預金通貨に関しては、マネーストック統計との対応は考えず、リスクと収益率がゼロかまたは非常に低いという特徴をもっていると仮定しよう。

$$M = C + D \qquad (4\text{-}1)$$

① マネタリーベース

マネタリーベース H は、ハイパワードマネーとも呼ばれ、現金 C と準備預金 R の合計である。

$$H = C + R \qquad (4\text{-}2)$$

マネタリーベースは、中央銀行によって直接供給される。したがって、中央銀行は、マネタリーベースの量を直接コントロールすることができる。準備預金とは、民間銀行が中央銀行に開設している当座預金残高のことである。日本では、日銀当座預金残高に相当する。準備預金残高は、所要準備と超過準備に分けることができる。

このうち所要準備とは、金融システムの安定化のための準備預金制度において、受け入れた預金の一部を中央銀行に預け入れることを、民間銀行に義務づけたものである。また、受け入れた預金に対する所要準備の比率は、所要準備率（法定準備率）と呼ばれる。準備預金残高のうち、所要準備を上回る部分が過剰準備である。

② 貨幣乗数

(1) 貨幣乗数とは

マネーサプライとマネタリーベースの関係を見るために、次式のような分数の値について検討する。

$$\frac{M}{H} = \frac{C+D}{C+R} = m \tag{4-3}$$

　この分数の値は貨幣乗数と呼ばれる。銀行は、受け入れた預金 D の一部を、準備預金 R として中央銀行に預けるため、一般的に、D は R よりも大きい値となる（$D > R$）。したがって貨幣乗数は、1 を上回る値であることがわかる。この貨幣乗数を m で示すと、中央銀行がマネタリーベース H を供給すると、その m 倍のマネーサプライ M が生じることになる。

　貨幣乗数の大きさがどのようになるかについて見るために、この分数の分母および分子を D で割ることにする。

$$m = \frac{\dfrac{C}{D} + 1}{\dfrac{C}{D} + \dfrac{R}{D}} \tag{4-4}$$

　この分数において、（C/D）は現金対預金比率、（R/D）は準備対預金比率である。ここでの分析では、これらの値を所与と考えよう。現金対預金比率 α は、民間部門の選好を反映すると考えられる。一方、準備対預金比率 β は、銀行が受け入れた預金に対してどれだけの比率を準備預金として預け入れるかを示す値であるから、所要準備率が下限となる。ここで、β の値は、所要準備率を上回る範囲で選択できるが、便宜上、民間銀行は過剰準備をもたないと仮定して、所要準備率を表すことにする。

　例えば、現金対預金比率を 0.8、準備対預金比率を 0.1 とすると、貨幣乗数は 2 となり、マネーサプライはマネタリーベースの 2 倍となる。

$$m = \frac{0.8 + 1}{0.8 + 0.1} = 2.0 \tag{4-5}$$

(2)　マネーサプライ、マネタリーベース、および貨幣乗数の関係

　また、中央銀行が 1 兆円のマネタリーベースを供給するとき、マネーサプライは 2 兆円となる。

$$M = mH \tag{4-6}$$

$$2 兆円 = 2.0 \times 1 兆円 \tag{4-7}$$

(3) 貨幣乗数の変化とマネーサプライの変化

貨幣乗数の値は、α と β の値によって決まる。α が上昇する場合や β が上昇する場合は、貨幣乗数の値は低下する。この貨幣乗数の低下により、マネタリーベースが一定であっても、マネーサプライは減少する。一方、α が低下する場合や β が低下する場合は、貨幣乗数の値は上昇する。この貨幣乗数の上昇により、マネタリーベースが一定であっても、マネーサプライは増加する。

例えば、中央銀行が所要準備率を 0.1 から 0.2 に引き上げる場合、貨幣乗数の値は 2.0 から 1.8 へと低下し、マネタリーベースが 1 兆円で一定であっても、マネーサプライは 1.8 兆円に減少することになる。

$$m = \frac{0.8 + 1}{0.8 + 0.2} = 1.8 \tag{4-8}$$

$$1.8 \text{兆円} = 1.8 \times 1 \text{兆円} \tag{4-9}$$

(4) マネーサプライのコントロール

ここでは、中央銀行によるマネタリーベースのコントロールを通じたマネーサプライのコントロールについて説明する。

銀行は、受け入れた預金に所要準備率をかけた額を、中央銀行に預け入れると仮定する。すなわち、準備対預金比率は所要準備率 β で一定であるとする。また、現金預金比率 α も一定であると仮定する。このとき、貨幣乗数の値は一定となる。

ここで、中央銀行が、マネタリーベースを ΔH だけ増加させたと仮定しよう。このとき、貨幣乗数の値が一定であれば、マネーサプライは $m\Delta H$ だけ増加する。マネタリーベースの増加を 1000 億円とすると、現金対預金比率が 0.8、所要準備率が 0.1 である場合、貨幣乗数の値は 2 となり、マネーサプライは 2000 億円増加する。

$$\Delta M = \frac{\alpha + 1}{\alpha + \beta} \Delta H \tag{4-10}$$

$$2000 = \frac{0.8 + 1}{0.8 + 0.1} \times 1000 \tag{4-11}$$

(5) 信用創造プロセス

中央銀行が、マネタリーベースを増減させると、その貨幣乗数倍のマネーサプライの増減が生じるプロセスについて説明しよう。

■ **現金が保有されない場合** 説明を簡単にするために、まず、家計、企業が現金を保有しないと仮定しよう。この場合、民間銀行が貸し出しを行っても、それが現金化されない。すなわち、$\alpha = 0$ の場合の信用創造プロセスを考えることになる。このとき、貨幣乗数の値は $1/\beta$ であるから、$\beta = 0.1$ のとき $m = 10$ となる。

中央銀行が、マネタリーベースを ΔH 増加させるとしよう。これによる信用創造プロセスを考える場合、預金がマネーサプライに含まれることに気をつける必要がある。

表4-1 において、中央銀行がマネタリーベースを ΔH 増加させると、民間銀行はその準備預金の増加で貸し出しを増加させる。このとき、銀行から借り入れを行った経済主体が民間銀行に保有する預金が ΔH だけ増加する。この借り入れた資金で何らかの支払いが行われる場合でも、支払い先の経済主体が民間銀行に保有する預金を増加させる。この段階で、民間銀行全体で預金が ΔH 増加しているので、マネーサプライが ΔH 増加したことになる。

次のプロセスとして、この民間銀行全体における預金増加 ΔH のうち、$\beta \Delta H$ が所要準備の増加、$(1-\beta)\Delta H$ が貸し出しの増加となる。すると、さらにマネーサプライが $(1-\beta)\Delta H$ 増加する。結局、信用創造プロセス全体でのマネーサプライの増加は、次式のように示される。

$$\Delta M = \Delta H + (1-\beta)\Delta H + (1-\beta)^2 \Delta H + (1-\beta)^3 \Delta H \cdots \cdots \tag{4-12}$$

表4-1 現金化されない場合の信用創造プロセス

準備預金増加	ΔH	$\beta \Delta H$	$\beta(1-\beta)\Delta H$	$\beta(1-\beta)^2 \Delta H$ ⋯⋯
⇓	⇓			
貸し出し増加	ΔH	$(1-\beta)\Delta H$	$(1-\beta)^2 \Delta H$	$(1-\beta)^3 \Delta H$ ⋯⋯
⇓	⇓	⇓		⇓
預金増加	ΔH	$(1-\beta)\Delta H$	$(1-\beta)^2 \Delta H$	$(1-\beta)^3 \Delta H$
マネーサプライ増加	ΔH	$(1-\beta)\Delta H$	$(1-\beta)^2 \Delta H$	$(1-\beta)^3 \Delta H$ ⋯⋯

この式は、初項 ΔH が、項比が $(1-\beta)$ の無限等比数列であるから、項比が 1 よりも小さい値であることに注意すると、その和は、次式の右辺の値に収束する。

$$\Delta M = \frac{1}{\beta} \Delta H \tag{4-13}$$

■ 貸し出しが現金化される場合　　次に、企業、家計が、現金と預金を一定比率で保有すると仮定する。このとき、銀行が貸し出しを行うと、その一部が現金化されて、残りが預金の増加となる。マネーサプライは、現金と預金で構成されているので、この銀行の貸し出しはマネーサプライの増加となるが、現金化されることで、銀行が行う次の貸し出し額がその分減少することになる。

　現金対預金比率が α で一定のとき、預金 1 に対して現金 α をもつということである。したがって、信用創造プロセスの始めに、銀行が貸し出しを ΔH 増加させると、借り入れをした経済主体は、$\alpha/(1+\alpha)$ の比率を現金化し、残りの $1/(1+\alpha)$ の比率を預金で保有する。したがって、経済全体では、$1/(1+\alpha)\Delta H$ は預金に残るが、$\alpha/(1+\alpha)\Delta H$ は現金化され、信用創造プロセスから漏出してしまう。このため、貸し出しが現金化される場合の乗数の値は、現金化されない乗数の値と比較して、小さくなることが容易に理解できるであろう。

　表 4-2 は、貸し出しが現金化される場合の信用乗数プロセスをまとめたものである。

　この表で示された信用創造プロセス全体での、マネーサプライの増加を計算すると次式のようになる。

$$\Delta M = \Delta H + \frac{1-\beta}{1+\alpha} \Delta H + \frac{(1-\beta)^2}{(1+\alpha)^2} \Delta H + \frac{(1-\beta)^3}{(1+\alpha)^3} \Delta H \cdots\cdots \tag{4-14}$$

　この式の右辺は、初項が ΔH、公比 $(1-\beta)/(1+\alpha)$ の無限等比数列の和の形になっている。そこで、公比が 1 よりも小さいので、和は、次式の右辺の値に収束する。この式が、貨幣乗数を表す式と同じであることを確認できる。

表 4-2　現金化される場合の信用創造プロセス

準備預金増加	ΔH	$\dfrac{\beta}{1+\alpha}\Delta H$	$\dfrac{\beta(1-\beta)}{(1+\alpha)^2}\Delta H$	$\dfrac{\beta(1-\beta)^2}{(1+\alpha)^3}\Delta H$ ……
⇓	⇓			
貸し出し増加	ΔH	$\dfrac{1-\beta}{1+\alpha}\Delta H$	$\dfrac{(1-\beta)^2}{(1+\alpha)^2}\Delta H$	$\dfrac{(1-\beta)^3}{(1+\alpha)^3}\Delta H$ ……
⇓	⇓	⇓	⇓	⇓
預金増加	$\dfrac{1}{1+\alpha}\Delta H$	$\dfrac{1-\beta}{(1+\alpha)^2}\Delta H$	$\dfrac{(1-\beta)^2}{(1+\alpha)^3}\Delta H$	$\dfrac{(1-\beta)^3}{(1+\alpha)^4}\Delta H$ ……
現金化	$\dfrac{\alpha}{1+\alpha}\Delta H$	$\dfrac{\alpha(1-\beta)}{(1+\alpha)^2}\Delta H$	$\dfrac{\alpha(1-\beta)^2}{(1+\alpha)^3}\Delta H$	$\dfrac{\alpha(1-\beta)^3}{(1+\alpha)^4}\Delta H$ ……
マネーサプライ増加	ΔH	$\dfrac{1-\beta}{1+\alpha}\Delta H$	$\dfrac{(1-\beta)^2}{(1+\alpha)^2}\Delta H$	$\dfrac{(1-\beta)^3}{(1+\alpha)^3}\Delta H$ ……

$$\Delta M = \frac{\alpha+1}{\alpha+\beta}\Delta H \tag{4-15}$$

4 ■ 金融政策の手段とマネーサプライ

　これまでの説明から、中央銀行は、マネタリーベースをコントロールすることで、間接的にマネーサプライをコントロール可能であることが示された。また、中央銀行が、所要準備率をコントロールすると、マネーサプライが変動することについても言及した。そこで、次に、金融政策の手段について説明して、それによってどのようにマネーサプライがコントロールされるかについて解説しよう。

　中央銀行は、公開市場操作、公定歩合操作、および所要準備率操作の3つの金融政策の手段を有している。以下、この3つについて説明しよう。

① 公開市場操作

　公開市場操作において、中央銀行は、主に民間銀行との間で債券や手形を売買し、準備預金残高をコントロールすることでマネタリーベースの残高を調整することができる。

中央銀行が民間金融銀行から国債等を買う操作は、買いオペと呼ばれる。

　その際、中央銀行は、購入先の民間銀行の準備預金に代金を支払うため、その残高が増加し、マネタリーベースが増加する。一方、中央銀行が民間金融銀行に国債等を売る操作は、売りオペと呼ばれる。その際、中央銀行に、売却先の民間銀行の準備預金から代金が支払われるため、その残高が減少し、マネタリーベースが減少する。

　公開市場操作は、マネタリーベースを調整するために用いる手段として、今日、もっとも重要な役割を負うとされている。

2 公定歩合操作

　中央銀行が民間銀行に貸し出しを行うと、準備預金が増加し、マネタリーベースが増加する。公定歩合とは、民間銀行が中央銀行から借り入れを行う際の利子率である。このため、民間銀行は、公定歩合が低いほど、借り入れの費用が低くなるので、中央銀行からの借り入れを増加させると考えられる。したがって、公定歩合を引き下げることで、マネタリーベースを増加させることが可能である。

　一方、公定歩合が高いほど、民間銀行は、借り入れの費用が高くなるので、中央銀行からの借り入れを減少させると考えられる。したがって、公定歩合を引き上げることで、マネタリーベースを減少させることが可能である。

3 所要準備率操作

　準備預金制度において、民間銀行には預金残高の一定割合を、定められた期日までに準備預金として預け入れることが義務づけられている。その際の、預金残高に対する所要準備の割合が所要準備率である。中央銀行がこの率を操作することで、貨幣乗数の値が変化し、マネタリーベースを一定として、マネーサプライが変化する。

　所要準備率の引き上げは、一定の預金量に対して準備預金の増加を民間銀行に要求することになるので、民間銀行の家計、企業への貸し出しが減少し、マネーサプライが減少する。一方、所要準備率の引き下げは、一定の預金量

に対して準備預金の減少を許容することになるので、民間銀行の家計、企業への貸し出しが増加し、マネーサプライが増加する。

ただし、準備預金制度は、金融市場を安定化させるための制度であるので、マネタリーベースを増減させるため、頻繁に変更すべきものではないと考えられている。

5 ■ 資産市場均衡

マクロ経済学において、資産市場が均衡した状態とは、分析対象とするすべての金融資産の市場で、供給と需要が一致した状態のことを指す。そこで、以下では、資産の供給と需要、および資産市場均衡について説明する。また、資産市場均衡において、金融資産として取り上げる貨幣と債券のうち、どちらかの市場が均衡するとき、必ずもう一方の市場も均衡することについても説明する。

⏍1⏌ 資 産 供 給

資産の供給に関して、現時点で供給されている貨幣と債券は所与であると仮定する。この仮定から、マクロの実質総資産（量）は、実質貨幣残高の供給である実質マネーサプライ（M/P）と実質債券供給 B^s の合計となる。ただし、実質マネーサプライは、第6章で解説する物価決定のモデルで活用するため、名目マネーサプライ M を物価 P で除した形で示すことにする。

日本銀行が公表する統計では、「マネーストック」という用語が用いられているが、ここでは、貨幣の供給量という一般的な意味で、マネーサプライを使用することとする。

総資産供給 W^s は、現在の総資産量に等しく、それが実質マネーサプライ（$\overline{M/P}$）と実質債券供給 $\overline{B^s}$ から構成されるので、次式のように示すことができる。また、この章では物価水準が所与であることを考慮すると、総資産供給も所与となる。ただし、変数につけられたバーは、それらが定数であることを意味する。

$$\overline{W^S} = \frac{\overline{M}}{P} + \overline{B^S} \qquad (4\text{-}16)$$

② 資産需要

　マクロ経済において、資産保有者は保有している資産合計の範囲内でその中身を決定するため、総資産供給と総資産需要は一致する（$\overline{W^S} = W^D$）。また、総資産需要 W^D は、貨幣需要 L と債券需要 B^D で構成されるので、次式のように示すことができる。

$$W^D = L + B^D \qquad (4\text{-}17)$$

③ 資産市場均衡

　ここでは、資産市場の均衡について説明し、分析の際に、明示的には、貨幣市場か債券市場のどちらか一方が均衡している状態を扱えばよいことを確認する。資産市場均衡は、貨幣市場と債券市場の両方が均衡した状態である。

$$\frac{\overline{M}}{P} = L \qquad (4\text{-}18)$$

$$\overline{B^S} = B^D \qquad (4\text{-}19)$$

　資産保有者が、保有している資産を制約として、その構成を決定することは、貨幣需要と債券需要を同時に決定することを意味する。また、総資産額が所与であるとき、各資産の保有比率を決定することと需要を決定することは同等である。資産保有者のこの行動は、資産選択と呼ばれる。以下、資産市場均衡について見ていこう。

　$\overline{W^S} = W^D$ であるから、常に次式が成立する。

$$(\frac{\overline{M}}{P} - L) + (\overline{B^S} - B^D) = 0 \qquad (4\text{-}20)$$

　この式が成立するとき、貨幣市場と債券市場で起こりうる状態について、表4-3のように整理できる。

　資産選択の結果、貨幣市場が均衡するとき、同時に債券市場も均衡する（ケース1）。このことは、どちらかの市場が均衡する一方で、他の市場が均衡し

表4-3　資産市場の状態

	貨幣市場の状態		債券市場の状態	
ケース1	$\dfrac{\overline{M}}{P} = L$	均衡	$\overline{B^S} = B^D$	均衡
ケース2	$\dfrac{\overline{M}}{P} > L$	超過供給	$\overline{B^S} < B^D$	超過需要
ケース3	$\dfrac{\overline{M}}{P} < L$	超過需要	$\overline{B^S} > B^D$	超過供給

ないということはないことを意味する。次に、貨幣市場で超過供給が生じるとき、同時に債券市場では超過需要が生じる（ケース2）。最後に、貨幣市場で超過需要が生じるとき、同時に債券市場では超過供給が生じる（ケース3）。

　以上のように、貨幣市場が均衡するとき、必ず債券市場も均衡することから、資産市場の分析において、どちらか一方の市場を明示的に扱えばよいことがわかる。そこで、資産市場の均衡については、貨幣市場の分析を中心に行う。ただし、必要に応じて、債券市場についても言及することにする。

6 ■ 貨幣市場均衡

　この節では、貨幣市場均衡における利子率の決定について考察する。利子率を代表的な債券利回りと考え、債券としてコンソル債のみが存在する経済を想定する。コンソル債は、額面に対して、一定のクーポンレート（表面利率）をかけた額が、永久に支払われる債券である。このとき、コンソル債の利回りが利子率ということになる。

　次に、貨幣供給は中央銀行が外生的に決定できると仮定する。すなわち、中央銀行は、マネーサプライを、利子率の水準に影響を受けることなく、任意の値にコントロールできるとするのである。このため、右辺の M にバーが付され、定数であることが示されている。

$$\frac{M}{P} = \frac{\overline{M}}{P} \tag{4-21}$$

① 貨幣需要

貨幣需要について、ケインズの流動性選好説をもとにして解説する。ケインズは、経済主体が、利子がつかない、またはついたとしてもきわめて低い貨幣を保有する動機を3つ示した。すなわち、取引動機、予備的動機、投機的動機の3つである。以下では、これらの動機に基づいて、貨幣需要がどのように決まるのか見ていこう。

（1） 取引動機に基づく貨幣需要

取引動機とは、支払い手段に対応した貨幣の保有動機である。すなわち、経済取引を行うために必要な貨幣の保有である。この場合、経済取引が増加するほど、必要とされる貨幣の量は増加すると考えられる。また、経済取引と国民所得が比例的な関係にあると仮定すると、取引動機に基づく貨幣需要は、国民所得と比例的な関係にあると考えられる。したがって、取引動機に基づく貨幣需要は、国民所得の増加関数であると考えられる。この貨幣需要と国民所得の対応関係を、貨幣の取引需要関数と呼ぶ。

（2） 予備的動機に基づく貨幣需要

予備的動機とは、将来の不測の取引への備えとして、余分に貨幣を保有しようとするものである。将来の不測の取引は、財・サービスの取引量に比例して増加すると考えられる。このため、予備的動機に基づく貨幣需要も国民所得の増加関数と考える。そこで、以下では、予備的動機に基づく貨幣需要については、明示的には扱わず、取引動機に基づく貨幣需要に含めることとする。

（3） 投機的動機に基づく貨幣需要

投機的動機とは、貨幣の価値貯蔵手段に対応した貨幣の保有動機である。人は、貨幣と債券を対象とした資産選択において、債券保有によるキャピタルゲイン（資産の値上がり率）が期待されるほど、貨幣の保有比率を下げ、債券の保有比率を上げる。このとき、総資産額を一定とすると、債券需要は多く、貨幣需要は少なくなる。このような状況は、現在の利子率が高いほど生じやすく、利子率が低いほど生じにくい。この点については、この後、詳しく説明する。

以上のことから、投機的動機に基づく貨幣需要は、利子率の減少関数となる。この貨幣需要と利子率の対応関係を貨幣の投機的需要関数と呼ぶ。

② 貨幣需要関数

　この項では、ケインズの流動性選好説における3つの動機に基づく貨幣需要を、取引需要と投機的需要の2つに整理して、貨幣の総需要関数を導出する。

(1)　貨幣の取引需要

　貨幣の取引需要 L_1 は、国民所得 Y の増加関数である。すなわち、国民所得が増加すると、取引需要は増加する一方、国民所得が減少すると、取引需要は減少する。

$$L_1 = L_1(Y) \tag{4-22}$$

$$\frac{\Delta L_1}{\Delta Y} > 0 \tag{4-23}$$

　また、取引需要が国民所得に比例すると考えると、正の定数 k を用いて、次式のように示すこともできる。

$$L_1 = kY \tag{4-24}$$

$$k > 0 \tag{4-25}$$

　この式を、縦軸に利子率 r を測り、横軸に貨幣需要 L を測り、図示すると、図4-2のようになる。この図において、財市場で決定される国民所得が Y_0 であるとすると、取引需要は $L_1(Y_0)$ となる。また取引需要は、利子率の水準には影響を受けないので、$L_1(Y_0)$ の水準で、横軸に垂直に描かれる。

(2)　貨幣の投機的需要

■ 投機的需要関数　　貨幣の投機的需要 L_2 は、利子率 r の減少関数である。すなわち、利子率が上昇すると貨幣の投機的需要は減少する一方、利子率が低下すると貨幣の投機的需要は増加する（図4-3）。

■ 債券価格と利子率の関係　　貨幣の投機的需要と利子率との関係について説明しよう。ここでは、貨幣と債券のみを資産として、債券としてはコンソル債のみが存在すると仮定している。例として、額面が100でクーポンレー

図4-2　貨幣の取引需要

図4-3　貨幣の投機的需要関数

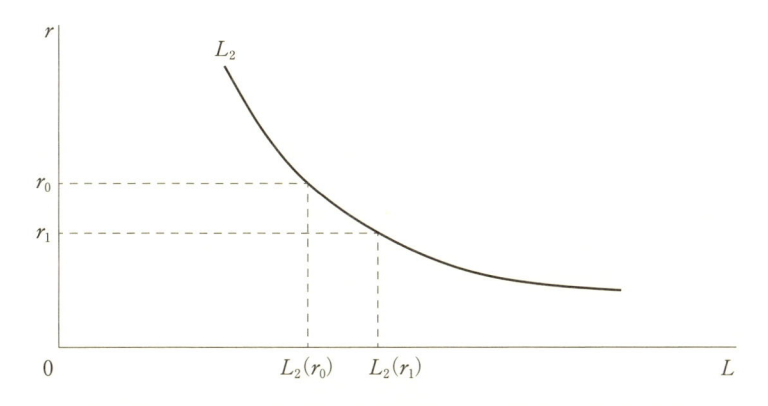

トがa（％）であるとする。このとき、毎期の利子は、クーポンレートと額面をかけ合わせたaである。すると、債券価格をP_B、債券利回りをrとすると、次の関係が成立する。ただし、利子率は代表的債券の利回りのことであり、ここでは1種類のコンソル債を扱うため、コンソル債の利回りは利子率となる。そこで、以下では同じ記号rを用いて、利回りを利子率と呼ぶ。

$$P_B = \frac{a}{(1+r)} + \frac{a}{(1+r)^2} + \frac{a}{(1+r)^3} + \cdots\cdots + \frac{a}{(1+r)^{n-1}} + \frac{a}{(1+r)^n}$$

$$(4\text{-}26)$$

$$\approx \frac{a}{r} \tag{4-27}$$

　この式において、債券価格 P_B は、債券市場における供給 B^S と需要 B^D によって決定される。また、a が一定であることを考慮すると、債券価格 P_B の決定と同時に、利子率 r が決定される。さらに、この債券価格と利子率の決定において、債券価格が高いほど利子率は低く、債券価格が低いほど利子率が高いことがわかる。

　そして、現行の債券価格が低く、利子率が高いほど、その他の要因を一定として、債券保有からのキャピタルゲインの可能性は高いと考えられる。このとき、資産保有者は、その資産選択において、債券を多く、貨幣を少なく需要するであろう。一方、現行の債券価格が高く、利子率が低いほど、その他の要因を一定として、債券保有からのキャピタルゲインの可能性は低いと考えられる。このとき、資産保有者は、その資産選択において、債券を少なく、貨幣を多く需要するであろう。

　これまでの説明における、利子率と貨幣需要の関係に着目すると、利子率が高いほど貨幣需要が少なく、利子率が低いほど貨幣需要が多くなる。例えば、利子率が r_0 のとき貨幣の投機的需要は $L_2(r_0)$ となり、利子率が r_1 に低下すると、貨幣の投機的需要は $L_2(r_1)$ へと増加する（図4-3）。このときの貨幣需要は、債券保有から得られるキャピタルゲインを考慮した結果のものであるから、貨幣の投機的需要と呼ばれる。

（3）　貨幣の総需要関数

　貨幣の総需要は取引需要と投機的需要の合計であるから、貨幣の総需要関数は次式のように示すことができる。

$$L = L_1 + L_2 \tag{4-28}$$

$$L = L_1(Y) + L_2(r) \tag{4-29}$$

　貨幣の総需要関数を図示すると、図4-4にある右下がりの実線で描かれた L のようになる。この図において、貨幣の総需要は、取引需要関数 L_1 と投機的需要関数 L_2 を、水平的（横）に集計したものである。

　例えば、利子率が r_0 のとき、取引需要は利子率に依存せず $L_1(Y_0)$ である

図4-4　貨幣の総需要関数

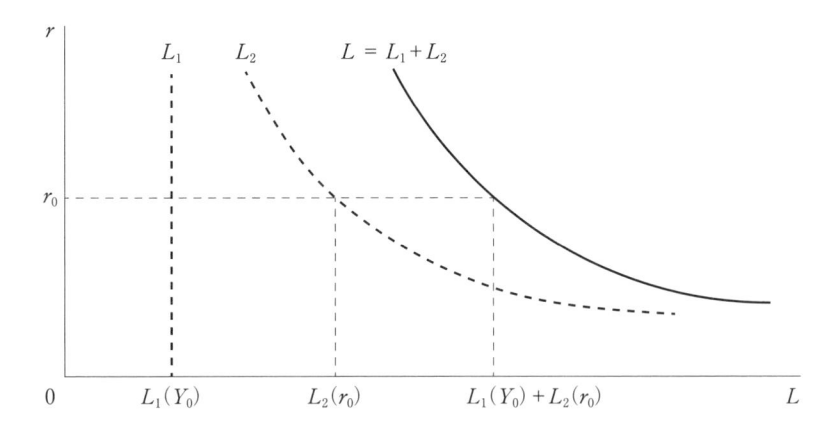

から、それに投機的需要 $L_2(r_0)$ を加えると、貨幣の総需要 $(L_1(Y_0) + L_2(r_0))$ が得られる。利子率の他の水準についても、それぞれ同様に、貨幣の総需要との対応を見ていくと、貨幣の取引需要と投機的需要を水平的に集計した、実線で描かれた貨幣の総需要関数を得る。

7 ■ 利子率の決定と金融政策

1 貨幣市場均衡と利子率の決定

　中央銀行が、マネーサプライを M_0 に決定したとする。また、物価が P_0 の水準で一定であることと、中央銀行が、利子率と関係なく所与の水準にマネーサプライを決定することができると仮定していることを考慮すると、実質貨幣供給量は、利子率に関係なく (M_0/P_0) に決まるので、その水準で、横軸に垂直に描かれる（図4-5）。

　このとき、供給と需要が一致する貨幣市場均衡は、次式で示される。また、この式を成立させる r_0^* が均衡利子率と呼ばれる。

$$\frac{M_0}{P_0} = L_1(Y_0) + L_2(r) \tag{4-30}$$

図4-5において、E点が均衡点であり、利子率が r_0^* に決定されることが

図 4-5　貨幣市場均衡と利子率の決定

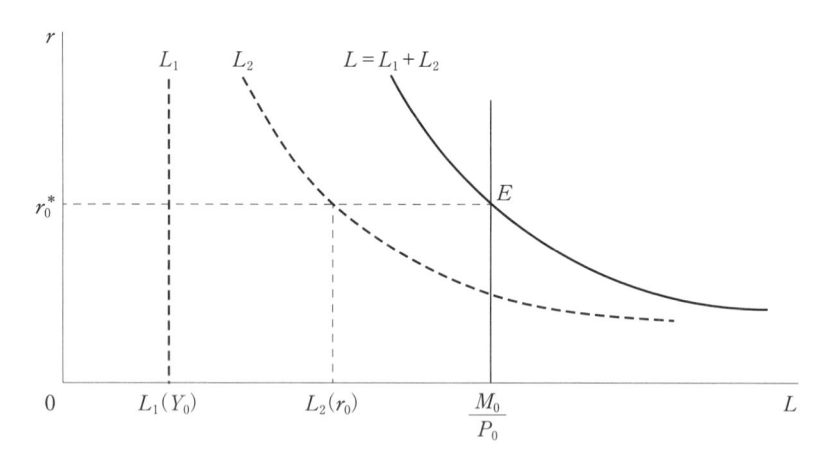

示されている。

② マネーサプライの変化と利子率の変化

　図 4-6 は、中央銀行がマネーサプライを変化させると、利子率がどう変化するかを示したものである。中央銀行がマネーサプライを M_0 から M_1 へと減少させるとき、均衡利子率は r_0^* から r_1^* へと上昇する。一方、中央銀行がマネーサプライを M_0 から M_2 へと増加させるとき、均衡利子率は r_0^* から r_2^* へと低下する。

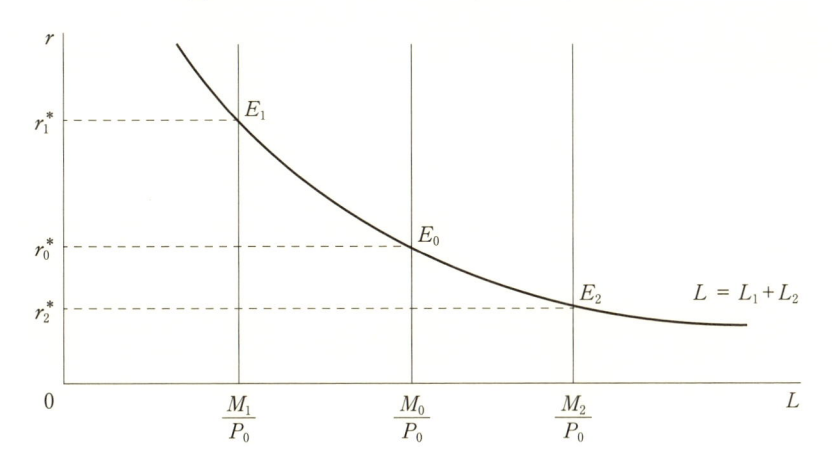

図 4-6　マネーサプライの変化と利子率の変化

第5章

IS-LM 分析 ■

　この章では、IS-LM 分析について説明する。IS-LM 分析は、財市場と貨幣市場を対象として、利子率と国民所得の同時決定を分析するマクロ経済モデルである。また、このモデルは財政政策や金融政策の有効性を分析する際にも用いられる。

　英語で、投資は Investment、貯蓄は Saving であり、それぞれ IS 曲線の I と S に対応する。そして、財市場均衡は、総供給と総需要が一致した状態であるが、このとき投資と貯蓄が一致する。したがって、IS は財市場の均衡を意味する。

　次に、LM の M は、Money Supply（貨幣供給）の頭文字である。一方、L は Liquidity Preference（流動性選好）の頭文字を示し、貨幣需要を意味する。そして、LM は、貨幣の供給と需要が一致した状態である貨幣市場均衡を意味する。

1 ■ IS-LM 分析とは

　IS-LM 分析は、図 5-1 のとおり、財市場を均衡させる国民所得と利子率の組み合わせ (Y, r) の集合である IS 曲線と、貨幣市場を均衡させる (Y, r) の集合である LM 曲線の交点で、均衡国民所得と均衡利子率の組み合わせ (Y^*, r^*) が同時決定されるモデルである。

　以下では、IS 曲線と LM 曲線の導出について説明し、経済の均衡と、それをもとにした財政政策と金融政策の有効性について解説する。

図 5-1　IS-LM 分析と均衡

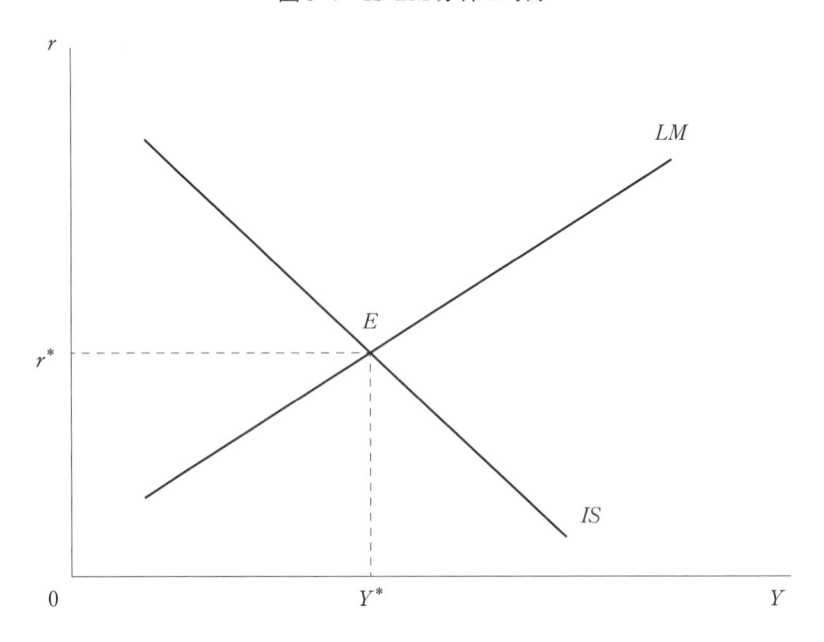

2 ■ IS 曲線

　財市場均衡を表す IS 曲線は、投資関数と 45 度線分析をもとにして導出される。IS-LM 分析は、貨幣市場も分析の対象にしていることから、財市場における投資は、貨幣市場で決まる利子率の影響を受ける。したがって、IS 曲線の導出において、貨幣市場で成立する可能性のあるさまざまな利子率の水準において、それぞれどれだけの投資が対応して、その結果、国民所得がどの水準に決定されるかを見ることになる。

① 投資と利子率の関係

　第 3 章で見たように、投資関数において、投資は利子率の減少関数である。すなわち、貨幣市場で決定される利子率の水準が低いほど、投資の水準は高くなる。そこで、投資と利子率の関係を表す投資関数の図を図 5-2 として再掲して、利子率と投資量の関係を確認しておこう。

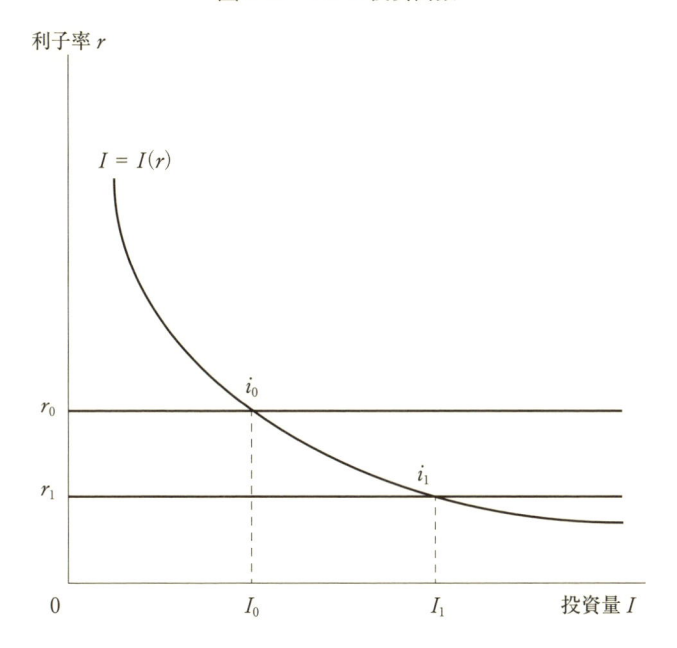

図5-2 マクロ投資関数

投資は利子率の減少関数である。

$$I = I(r) \tag{5-1}$$

$$\frac{\Delta I}{\Delta r} < 0 \tag{5-2}$$

この投資関数において、貨幣市場で利子率が r_0 となるとき $I_0(=I(r_0))$ の投資が行われる。そして、利子率が r_1 に低下するとき、投資量は $I_1(=I(r_1))$ に増加する。

2 財市場均衡と利子率

45度線分析では、分析期間において、企業が投資を所与の水準に計画していると仮定した。一方、IS-LM分析では、利子率が変数としてモデルに導入される。そこで、この点を考慮に入れて、IS曲線に対応するモデルを連立方程式で示す。このモデルは、45度線分析のモデルに、利子率を変数

として導入したものである。

$$Y = C + I + G \tag{5-3}$$

$$C = A + cY_d \tag{5-4}$$

$$Y_d = Y - T \tag{5-5}$$

$$I = I(r) \tag{5-6}$$

$$G = G_0 \tag{5-7}$$

$$T = T_0 \tag{5-8}$$

Y：国民所得、C：消費、I：投資、G：政府支出、A：基礎消費、c：限界消費性向、Y_d：可処分所得、T：租税、r：利子率

この連立方程式の解として Y を求めることができる。

$$Y = \frac{1}{1-c}\left[A - cT_0 + I(r) + G_0\right] \tag{5-9}$$

③ IS 曲線の導出

　この式は、財市場を均衡させる利子率と国民所得の対応関係を示す IS 曲線と考えることができる。右辺の $I(r)$ に関して、貨幣市場で決定される利子率 r が与えられれば、その水準が決まり、国民所得の水準が決定される。また投資は利子率の減少関数であるから、貨幣市場で決定される利子率が低いほど投資量は多くなり、国民所得が増加する。

　表 5-1 は、投資関数における利子率と投資量の関係を考慮に入れて、利子率と国民所得の対応関係を示したものである。この表から、利子率が低下すると、財市場において、国民所得が増加することが確認できる。

表 5-1　利子率の変化と投資量の変化

利子率の水準	投資の水準	国民所得の水準
r_0	$\Rightarrow I_0(=I(r_0)) \Rightarrow$	$Y_0(= \frac{1}{1-c}\left[A - cT_0 + I(r_0) + G_0\right])$
$\vee$	$\wedge$	$\wedge$
r_1	$\Rightarrow I_1(=I(r_1)) \Rightarrow$	$Y_1(= \frac{1}{1-c}\left[A - cT_0 + I(r_1) + G_0\right])$

図5-3　IS曲線

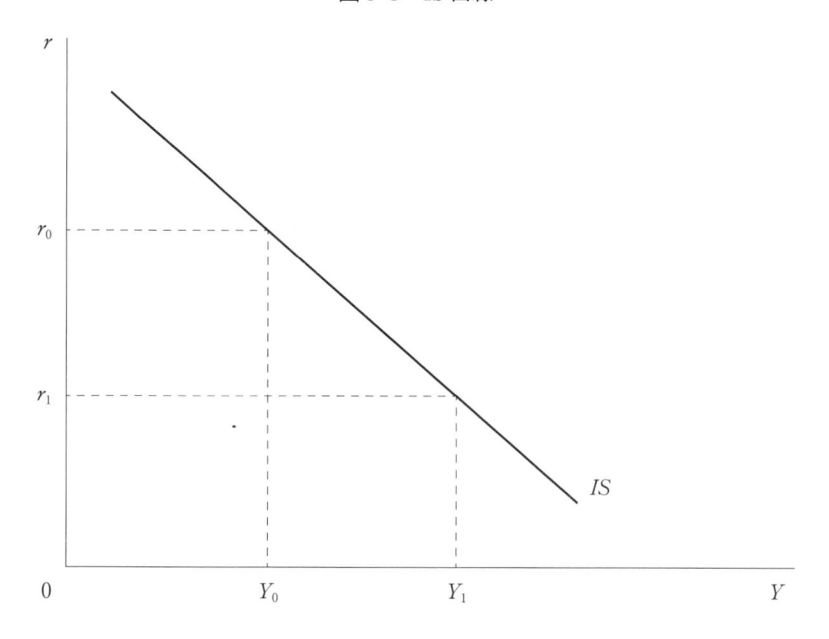

　次に、表に示された利子率と国民所得の関係を、縦軸に利子率、横軸に国民所得を測った図に示し、IS曲線が右下がりの曲線になることを確認する（図5-3）。表に示されたように、利子率が低下すると国民所得が増加するため、IS曲線の形状は、一般に、右下がりになる。なお、IS曲線の導出において、利子率以外の変数、例えば、政府支出、租税、基礎消費等を所与としていることには注意が必要である。

4 IS曲線のシフト

(1)　政府支出の変化とIS曲線のシフト

　政府が、政府支出の増大または減税などの拡張的財政政策を実施すると、それぞれの利子率の水準において国民所得が増加する。このことは、拡張的財政政策が実施されると、IS曲線が右シフトすることを示している。ただし、貨幣市場で決定される利子率を一定と仮定しているので、投資が増加しているわけではないことに注意を要する。後に、LM曲線を導入して、財政政策

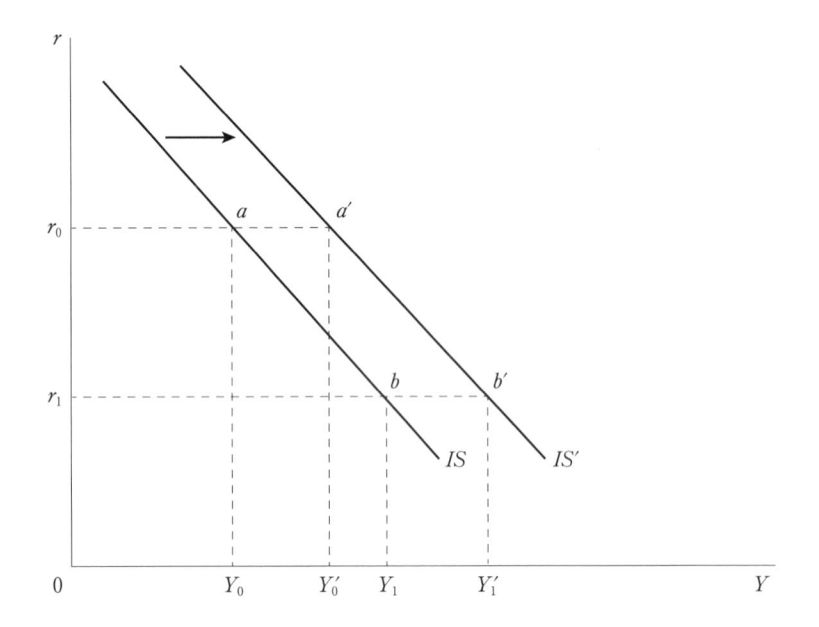

図5-4　政府支出増加による IS 曲線の右方シフト

の有効性について検討する際には、利子率も動くことになる。

　拡張的財政政策によって、IS 曲線がシフトすることについて、さらに詳しく見てみよう。いま、政府支出の G_0 から G_1 への増加を ΔG と表すと、国民所得はその乗数 $(1/1-c)$ 倍だけ増加する。

$$\Delta Y = \frac{1}{1-c} \Delta G \tag{5-10}$$

$$\Delta G = G_1 - G_0 > 0 \tag{5-11}$$

　図5-4 において、IS 曲線上に位置する a 点：(Y_0, r_0) を取り上げよう。いま、利子率を一定として政府支出が増大すると、その乗数倍の国民所得の増加が生じる。このとき、財市場を均衡させる利子率と国民所得の組み合わせは、a' 点：(Y_0', r_0) へと移動する。

　また、政府支出が増大すると、a 点以外の IS 曲線上のすべての点は、同様に右に移動する。すなわち、政府支出の増大により、IS 曲線は $(1/1-c)$ ΔG だけ右方向にシフトすることになる。

一方、政府支出が減少する場合、IS 曲線は左方向にシフトする。

(2)　租税の変化と IS 曲線のシフト

　政府が減税を行うと、IS 曲線は右方向にシフトする。ただし、減税の場合、政府支出増大の場合と比較すると、乗数の値が小さいため IS 曲線の右方向へのシフト幅は $[(c/1-c) \times 減税額]$ と小さい。一方、政府が増税を行うと、IS 曲線は左方向にシフトする。

3 ■ LM 曲線

　貨幣市場を均衡させる国民所得と利子率の関係である LM 曲線の導出について見ていこう。IS-LM 分析では、財市場も分析の対象にしていることから、貨幣市場で決まる利子率は、財市場で決定される国民所得の影響を受ける。したがって、LM 曲線の導出において、財市場で成立する可能性のあるさまざまな国民所得の水準において、貨幣市場が均衡する利子率の決定について考える必要がある。

1 貨幣市場のモデル

　ここで、第 4 章で説明した貨幣市場の均衡のモデルに、国民所得を変数として導入して、LM 曲線を導出する。いま、マネーサプライが M_0 で所与であると仮定して、貨幣市場のモデルを連立方程式で示すと次のようになる。

$$\frac{M}{P} = L \tag{5-12}$$

$$\frac{M}{P} = \frac{M_0}{P_0} \tag{5-13}$$

$$L = L_1(Y) + L_2(r) \tag{5-14}$$

　この連立方程式において、(5-12)式が貨幣市場の均衡条件式を、(5-13)式が供給曲線を、(5-14)式が需要曲線を示している。

② LM 曲線の導出

(1) 国民所得と均衡利子率の関係

以下、貨幣の供給曲線と、異なる国民所得水準 Y_1 および Y_2 のそれぞれに対応する貨幣の需要曲線を図示し、均衡利子率の決定について説明する（図5-5）。

貨幣市場のモデルの (5-12) 式に (5-13) 式と (5-14) 式を代入すると、次式を得る。

$$\frac{M_0}{P_0} = L_1(Y) + L_2(r) \tag{5-15}$$

この式において、国民所得の水準が与えられると、貨幣市場を均衡させる利子率を求めることができる。例えば、図5-5において、財市場で決定された国民所得が Y_0 の水準であるとき、利子率が r_0 の水準に決まれば、F 点で貨幣の総需要曲線が貨幣供給曲線と交差し、貨幣市場が均衡することが確認

図5-5　異なる国民所得と貨幣市場均衡

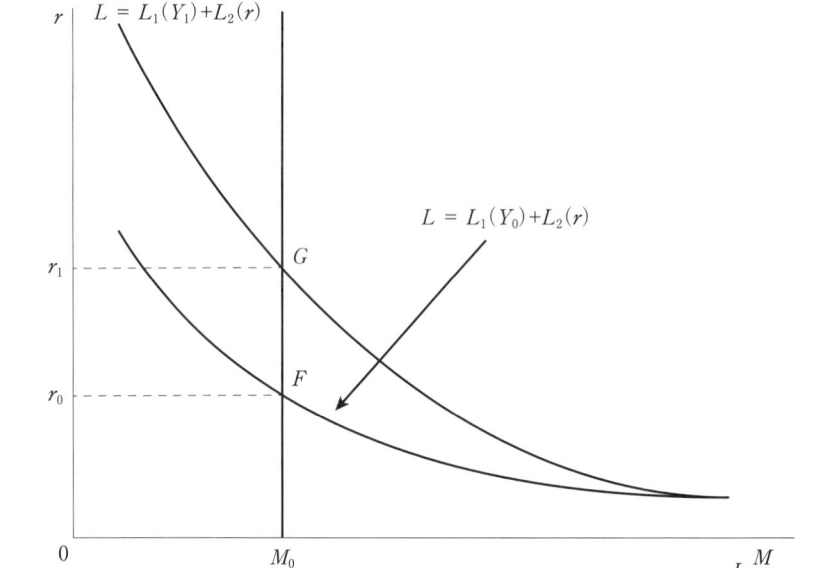

できる。すなわち、国民所得が Y_0 のとき、均衡利子率は r_0 となる。

$$\frac{M_0}{P_0} = L_1(Y_0) + L_2(r_0) \qquad (5\text{-}16)$$

次に、財市場で国民所得水準が Y_1 に上昇したとしよう。すると、国民所得の増加関数である貨幣の取引需要は、$L_1(Y_0)$ から $L_1(Y_1)$ へと増加する。このとき、利子率が r_0 で一定であるならば、マネーサプライは一定であるので、貨幣市場で超過需要が発生する。

$$\frac{M_0}{P_0} < L_1(Y_1) + L_2(r_0) \qquad (5\text{-}17)$$

この場合は、利子率が r_1 へと上昇することで、G 点で貨幣の総需要曲線が貨幣供給曲線と交差し、貨幣市場が再び均衡することが確認できる。すなわち、国民所得が Y_1 のとき、均衡利子率は r_1 となる。

$$\frac{M_0}{P_0} = L_1(Y_1) + L_2(r_1) \qquad (5\text{-}18)$$

以上の国民所得と均衡利子率との関係を説明したのが表5-2である。

(2) LM 曲線

これまでの説明から、名目貨幣供給が M_0 の水準で一定となっている場合、国民所得水準が高いほど、貨幣市場を均衡させる利子率が高くなることがわかる。縦軸に利子率、横軸に国民所得を測り、この関係を図示したものが図5-6の LM 曲線である。

この図において、国民所得が Y_0 のとき、貨幣市場を均衡させる利子率は r_0 となる。そして、財市場で決まる国民所得の水準が Y_0 から Y_1 に上昇す

表 5-2　国民所得と均衡利子率の関係

国民所得	貨幣供給		貨幣需要	貨幣市場の状態	利子率の動き	均衡利子率
Y_0	M_0/P_0	$=$	$L_1(Y_0) + L_2(r_0)$	均衡	なし	r_0
$\wedge$			$\wedge$	$\Downarrow$		
Y_1	M_0/P_0	$<$	$L_1(Y_1) + L_2(r_0)$	超過需要	上昇	
$\parallel$			$\wedge$	$\Downarrow$		
Y_1	M_0/P_0	$=$	$L_1(Y_1) + L_2(r_1)$	均衡	なし	r_1

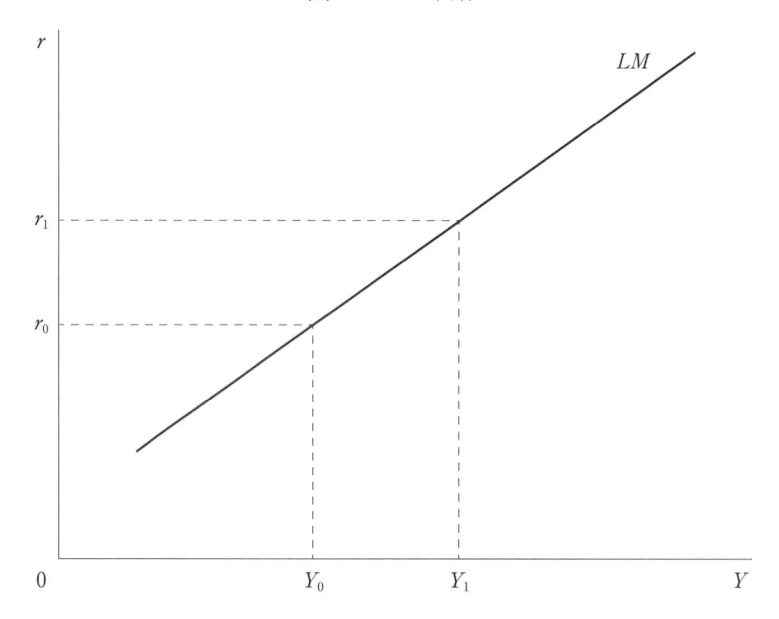

図 5-6　LM 曲線

ると、貨幣市場で超過需要が発生し、利子率が上昇する。この上昇は利子率が r_1 の水準となり、貨幣市場が再び均衡するまで続くと考えられる。貨幣市場におけるこのような動きを反映して、LM 曲線は右上がりの形状となる。

③ 債券市場均衡

　これまで、貨幣市場均衡を明示的に取り扱い、LM 曲線を導出し、それが右上がりの形状になることを示した。一方、第 4 章の資産市場では、貨幣市場が均衡するとき、債券市場も均衡することを示した。また、資産保有者は、資産として貨幣と債券を保有し、その資産選択行動において、貨幣市場と債券市場が同時に均衡する水準に、利子率が決定されることを説明した。

　いま、LM 曲線の導出は、債券市場に着目しても可能であるし、その理解は、後の金融政策の有効性を理解するうえでも重要である。そこで、債券市場に着目して、資産保有者の資産選択行動から、LM 曲線の導出について説明する。

図5-6において、国民所得がY_0のとき、貨幣市場を均衡させる利子率はr_0であるが、この利子率の水準で、債券市場も均衡することになる。利子率は代表的債券の利回りであり、コンソル債のみが存在する経済では、その均衡価格から計算された利回りである。

そして、国民所得の水準がY_1へと上昇するとき、貨幣の取引需要が増加するが、これは、債券を売却することで可能となる。すなわち、貨幣需要が増加すると同時に、債券需要が減少しているのである。債券供給は一定であるから、債券需要が減少すると、債券の市場価格が低下する。このとき、債券利回り、すなわち利子率が上昇することになる。一方で、債券価格が下落すると、債券を保有することで得られるキャピタルゲインの可能性が高まるため、債券需要が増加し、貨幣需要が減少する。債券価格の下落と同時に生じる利子率の上昇は、債券市場が均衡するまで続くことになる。そして、利子率がr_1の水準まで上昇したところで、債券市場と貨幣市場の両方が均衡し、資産市場が均衡するのである。

④ LM 曲線のシフト

(1) マネーサプライの変化と LM 曲線のシフト

中央銀行が、金融緩和政策としてマネーサプライを増加させると、LM 曲線は右方向にシフトする。このシフトは、下方向へのシフトと考えると理解しやすい。すなわち、LM 曲線上の各点に対応する国民所得水準において、マネーサプライの増加が生じると、貨幣市場で利子率が低下するのである。

例えば、図5-7のc点において、マネーサプライが増加すると、貨幣市場では超過供給が発生する。このため、利子率が低下する。この利子率の低下は、貨幣需要が増加し、増加した貨幣供給に等しくなるまで続く。そして、利子率がr_0'まで低下すると、貨幣市場は再び均衡する（c'点）。

マネーサプライが増加すると、c点、d点を含む LM 曲線上のすべての点で、利子率の低下が生じる。すなわち、LM 曲線は LM′ へと下方向にシフトする。

なお、マネーサプライが減少すると、LM 曲線は上方向にシフトする。

図 5-7　マネーサプライの増加による LM 曲線のシフト

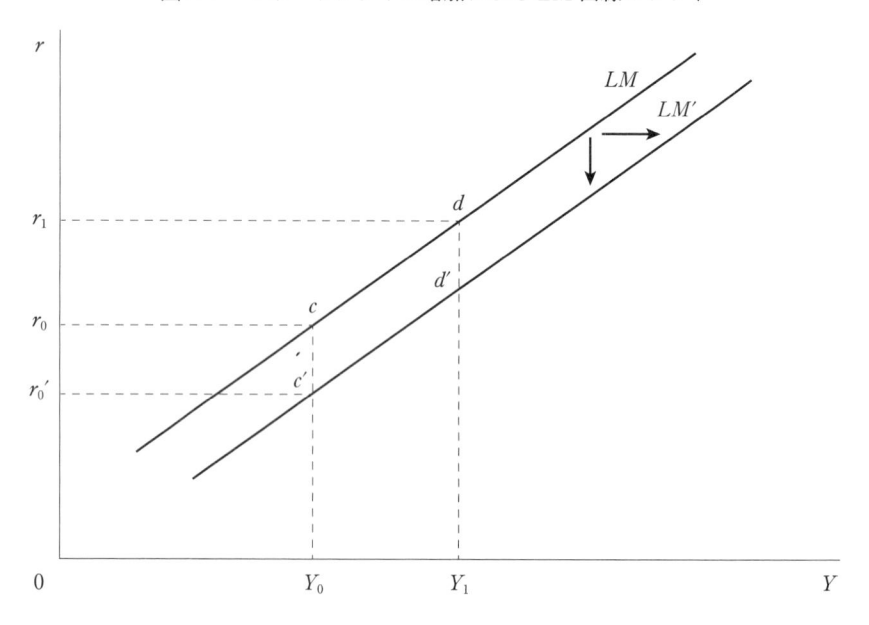

(2)　マネーサプライの変化と債券市場均衡

　債券保有は、リスクはなく収益率がゼロまたはきわめて低い貨幣と、一定のリスクがあり収益率である利子率が期待できる債券の保有比率を最適に保つ行動の結果生じると考えられる。このとき、債券の利子率が変動する場合、資産保有者は、それに合わせて貨幣と債券の最適保有比率を変更する。この結果、貨幣需要が利子率の減少関数となる一方、債券需要は利子率の増加関数となる。

　いま、中央銀行がマネーサプライを増加させたとする。資産市場における資産総額は、貨幣供給と債券供給の合計であるから、中央銀行がマネーサプライを増加させると、資産総額が増加する。これによって、資産保有者は、マネーサプライの増加分だけ増加した資産総額を制約として、資産選択について考える必要が出てくる。この段階では、利子率が一定であるとすると、貨幣および債券のリスクと収益率は、それぞれ不変であるため、資産保有者は、貨幣と債券の保有比率を変更しようとはしないであろう。このため、資

産保有者は、その資産選択において、マネーサプライの増加による資産増加の一部を、債券で需要しようとする。

　一方、債券供給は一定であるから、債券需要の増加により、債券価格が上昇し、利子率が低下する。すなわち、マネーサプライの増加は、一般に、利子率を低下させるのである。そして、この動きが国民所得を一定として生じるので、LM 曲線の下方向シフトが生じるのである。

　ただし、マネーサプライが増加する際、資産保有者が債券需要を増加させない場合は、利子率は低下しないので、LM 曲線は下方向にシフトしない。このようなケースとして、資産市場において成立している利子率がきわめて低く、市場参加者が下限と考える水準に達している「流動性のわな」の状態が考えられる。経済が「流動性のわな」に陥っているとき、利子率が下限と考えられているため、債券価格は上限に達していると考えられる。このとき、資産保有者は、マネーサプライが増加しても、債券需要を増加させない。すなわち、マネーサプライが増加しても、LM 曲線は下方シフトしない。

4 ■ 財市場と貨幣市場の同時均衡

　IS-LM 分析における経済の均衡とは、財市場と貨幣市場が同時に均衡した状態をいう。IS 曲線の各点は財市場均衡を、LM 曲線の各点は貨幣市場均衡を示しているので、両曲線の交点で経済が均衡する。図 5-8 において、E_0 点が均衡点を示し、均衡利子率が r_0、均衡国民所得が Y_0 の水準に決定される。

　IS-LM 分析では、財政政策や金融政策が実施されたとき、この当初の均衡点がどこに移動するかが、国民所得や利子率がどのように変化するかを示す。そこで、以下では、財政政策と金融政策の有効性について考察する。

5 ■ 財政・金融政策の有効性

［1］ 財政政策の有効性

　政府支出の増加や減税などの拡張的財政政策は、財市場において利子率を

図 5-8　IS-LM 分析における経済の均衡

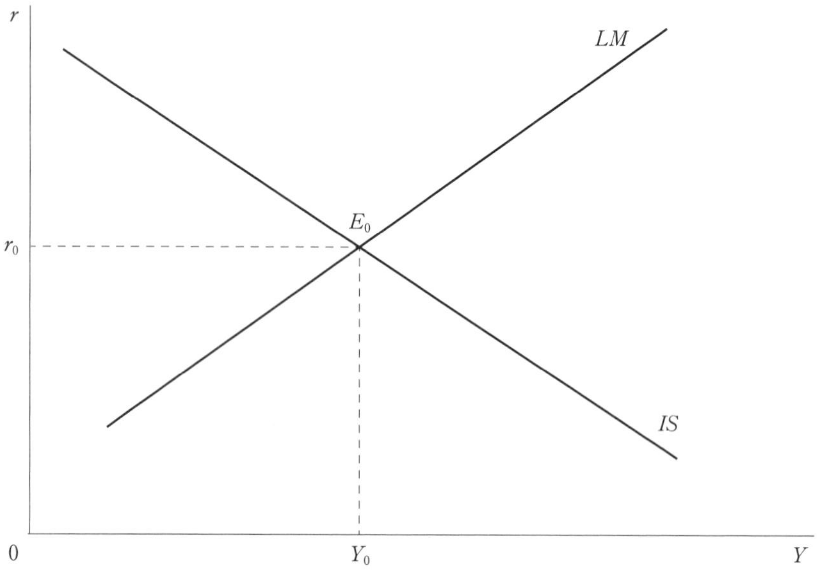

一定として国民所得を増加させるので、IS 曲線を右方にシフトさせること
については、すでに説明したとおりである。そこで、政府支出が増加するケ
ースを例にして、財政政策の効果について説明しよう。

　いま、政府が拡張的財政政策を実行する前の均衡点が E_0 であり、均衡国
民所得水準が Y_0、均衡利子率が r_0 であるとしよう。そこで、政府支出が増
加すると、利子率を一定として、国民所得がその乗数倍増加する。このとき、
図 5-9 において、国民所得は Y_0 から Y_A へと増加する（①）。

　すると、貨幣市場では超過需要が発生し、利子率が上昇する。投資は利子
率の減少関数であるから、利子率の上昇によって、財市場では投資が減少し、
国民所得が減少する。この効果は、政府の経済活動が、投資という民間の経
済活動を市場から締め出すという意味で、クラウディングアウト効果と呼ば
れている。図において Y_A から Y_1 への動きが、クラウディングアウトに対
応している（②）。

　結果として、均衡利子率は r_0 から r_1 へと上昇し、均衡国民所得は Y_0 から

86

図 5-9　拡張的財政政策の効果

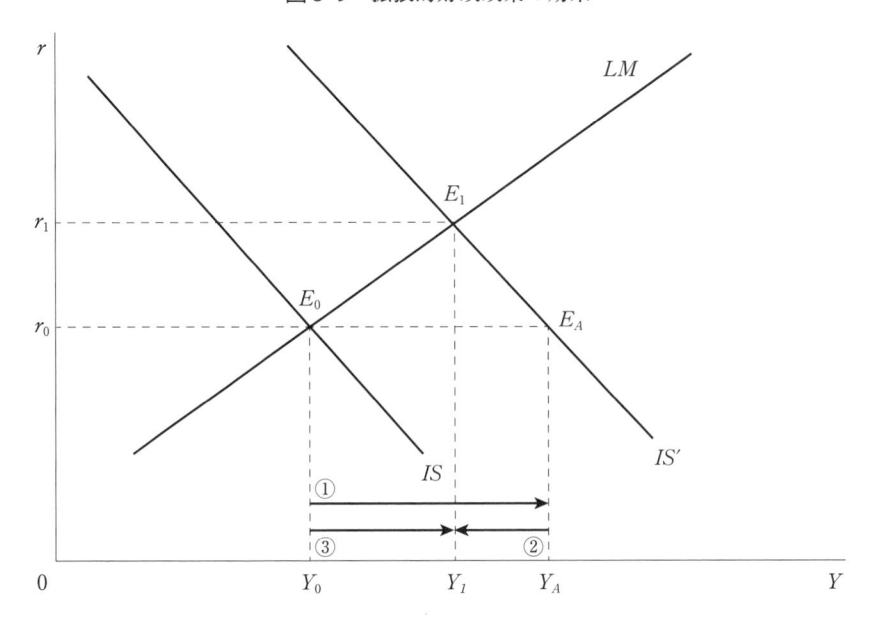

Y_1 へと増加する（③）。

2　金融政策の有効性

　いま、図 5-10 において中央銀行が、緩和的金融政策として、マネーサプライを増加させる前の均衡点が E_0 であり、均衡国民所得水準が Y_0、均衡利子率が r_0 であるとしよう。そこで中央銀行がマネーサプライを増加させると、LM 曲線は下方向へシフトする。このとき貨幣市場において、利子率が低下するので、財市場では投資が増加し、乗数効果により国民所得が増加する。

　結果として、均衡利子率は r_0 から r_1 へと低下し、均衡国民所得は Y_0 から Y_1 へと増加する。

3　投資の利子弾力性と政策効果

（1）　投資の利子弾力性とは

　企業の投資行動は、経済の状態によって、異なる可能性がある。例えば、

図 5-10　緩和的金融政策の効果

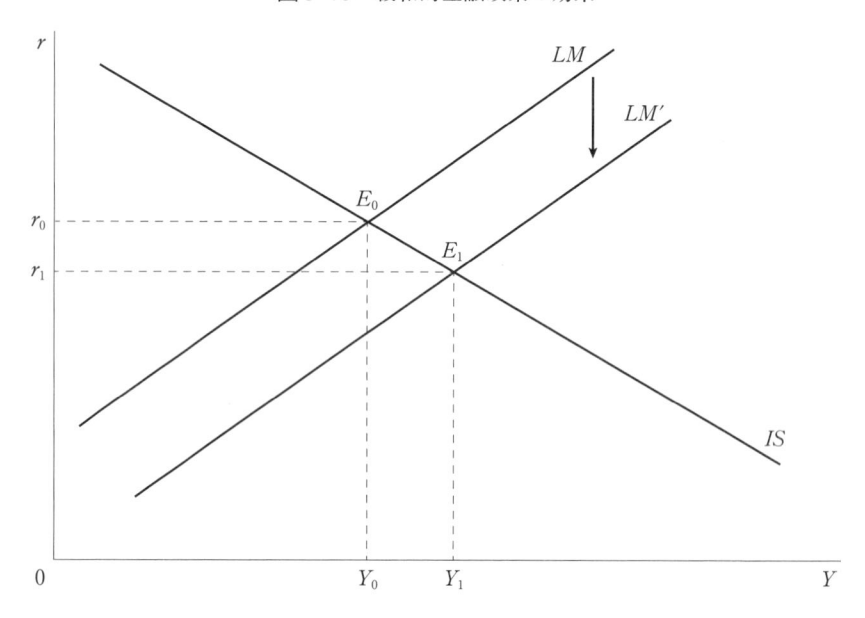

一定の利子率の低下に対して、投資が大きく増加する場合がある一方で、投資が増加しない場合もある。利子率 1％の低下に対して、投資がどれだけ増加するかを表す指標として、投資の利子弾力性がある。投資の利子弾力性の大きさ ε は、利子率の低下 1％に対して、投資が ε％増加することを意味する。すなわち、投資の利子弾力性 ε が大きいとき、一定の利子率の低下によって投資は大きく増加する一方、利子率の上昇によって投資は大きく減少する。

(2)　投資の利子弾力性と IS 曲線の形状

　IS 曲線は、利子率が低下すると投資が増加して、国民所得が増加するため右下りの形状となる。このとき、投資の利子弾力性 ε の値が大きいほど、一定の利子率の低下による投資の増加が大きくなることから、IS 曲線の形状は緩やかになる（図 5-11）。

(3)　投資の利子弾力性の大きさと財政金融政策

　IS-LM 分析において、投資の利子弾力性の大きさと、財政政策と金融政策の有効性の関連が重要である。LM 曲線が右上がりである場合、投資の利

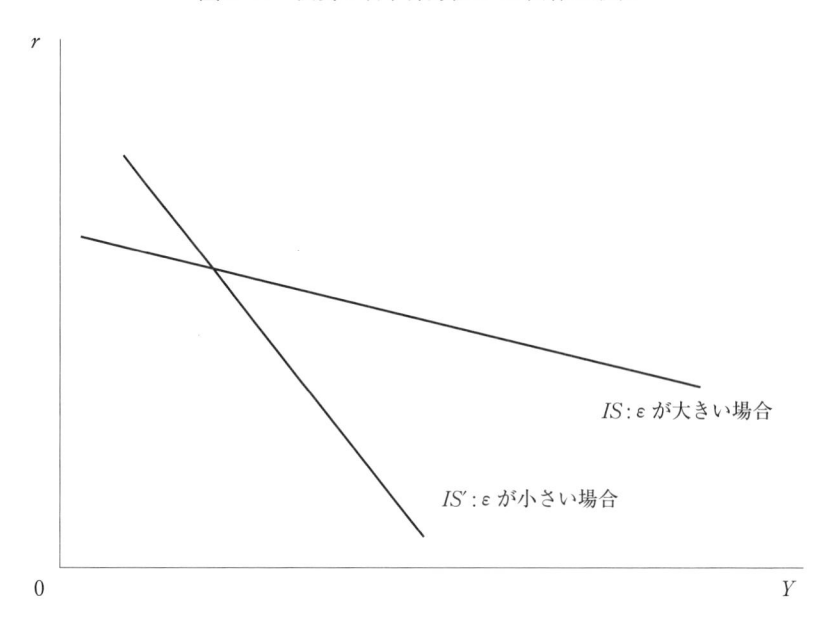

図5-11 投資の利子弾力性とIS曲線の形状

$IS : \varepsilon$ が大きい場合

$IS' : \varepsilon$ が小さい場合

子弾力性が大きいほど、財政政策の有効性は低下し、金融政策の有効性は高まる。

　拡張的財政政策は、一般に、利子率を上昇させるので、民間投資を減少させるクラウディングアウト効果が生じる。このクラウディングアウト効果は、投資の利子弾力性が大きいほど大きくなるので、拡張的財政政策による均衡国民所得増加の効果は小さなものとなる。

　一方、金融政策の有効性と投資の利子弾力性の大きさの関係は、どうであろうか。図5-12には、投資の利子弾力性が比較的大きいIS曲線（IS）と比較的小さいIS曲線（IS'）が描かれている。中央銀行が緩和的金融政策としてマネーサプライを増加させる前、IS曲線とLM曲線の交点 E_0 で示される均衡において、均衡国民所得は Y_0 となっている。そこで、中央銀行がマネーサプライを増加させると、LM曲線が LM から LM' へとシフトする。このとき、投資の利子弾力性が小さい場合は、均衡点が E_1 へと移動し、均衡国民所得は Y_1 へと増加する。これに対して、投資の利子弾力性が大きい場

図 5-12 投資の利子弾力性と金融政策の効果

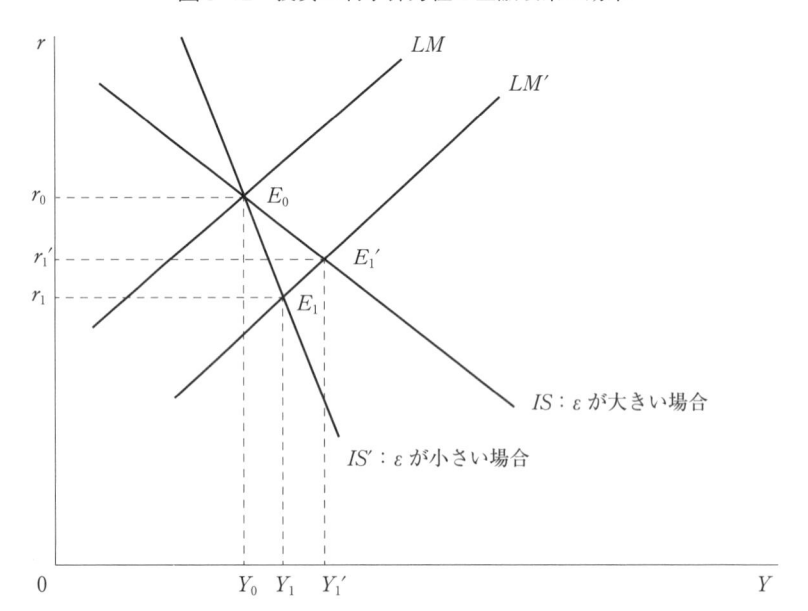

合は、均衡点が E_1' へと移動し、均衡国民所得は Y_1' へと増加する。すなわち、投資の利子弾力性が大きいほど、国民所得の増加の程度が大きく、緩和的金融政策の効果は大きくなる。

4 貨幣需要の利子弾力性と政策効果

(1) 貨幣需要の利子弾力性とは

経済状況や金融環境によって、資産保有者の資産選択の仕方が異なるかもしれない。利子率が変化するとき、資産保有者の資産選択は、その影響を受ける可能性がある。利子率 r の1%の上昇に対して、貨幣需要がどれだけ減少するかを表す指標として、貨幣需要の利子弾力性 l がある。すなわち貨幣需要の利子弾力性の大きさ l は、利子率の上昇1%に対して、貨幣需要が l%減少することを意味する。

(2) 貨幣需要の利子弾力性と LM 曲線の形状

LM 曲線の傾きは、貨幣需要の利子弾力性が大きいほど緩やかになり、形

図 5-13　貨幣需要の利子弾力性と LM 曲線の形状

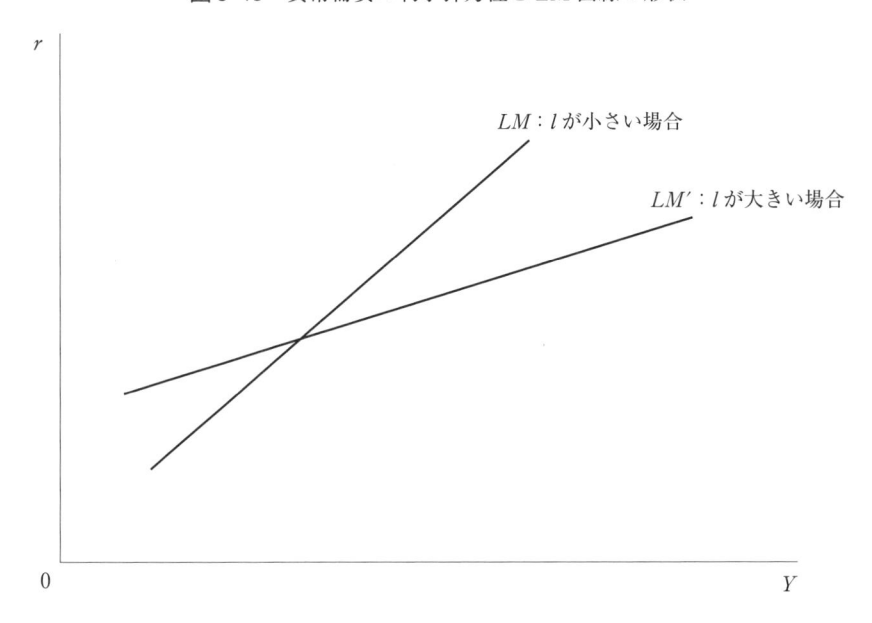

状は水平に近づく（図 5-13）。利子率の変化に影響を受ける貨幣需要は、投機的需要であるから、貨幣需要の利子弾力性は、利子率 1% の変化に対して、貨幣の投機的需要がどれだけ変化するかを表す値と考えられる。この点で、貨幣需要の利子弾力性の大きさは、LM 曲線の形状に関係する。

　貨幣市場が均衡しているとき、財市場で国民所得が増加したとする。すると、貨幣市場では取引需要が増加するので、超過需要が生じる。このとき、貨幣市場が再び均衡するためには利子率が上昇して、投機的需要が減少する必要がある。貨幣需要が再び均衡するための利子率の上昇は、利子弾力性が大きいほど小幅で済む。なぜならば、利子率上昇幅 1% 当たり減少する投機的需要が大きいからである。

　したがって、LM 曲線の傾きは、貨幣需要の利子弾力性が大きいほど緩やかになる。

(3)　貨幣需要の利子弾力性と財政金融政策

　拡張的財政政策が実施されると、財市場で国民所得が増加し、貨幣市場で

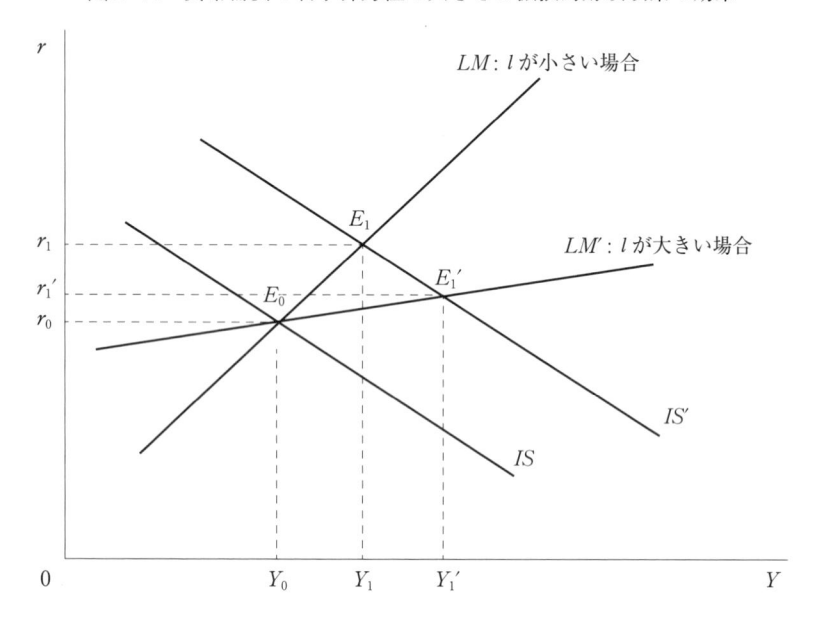

図 5-14　貨幣需要の利子弾力性の大きさと拡張的財政政策の効果

超過需要が発生するため、利子率が上昇する。この利子率の上昇が、クラウ
ディングアウト効果を生じさせ、拡張的財政政策の効果を弱めるが、利子率
の上昇幅は、貨幣需要の利子弾力性が大きいほど小さい。このため、貨幣需
要の利子弾力性が大きいほど、拡張的財政政策の効果は大きくなる。

　この貨幣需要の利子弾力性の大きさと拡張的財政政策の効果の関係は、図
5-14 で確認できる。図 5-14 には、貨幣需要の利子弾力性が比較的大きい
LM 曲線（LM'）と比較的小さい LM 曲線（LM）が描かれている。政府が拡
張的財政政策を実施する前、IS 曲線と LM 曲線の交点 E_0 で示される均衡に
おいて、均衡国民所得は Y_0 となっている。

　そこで、政府が拡張的財政政策を実施すると IS 曲線が IS から IS' へとシ
フトする。このとき、貨幣需要の利子弾力性が小さい場合は、均衡点が E_1
へと移動し、均衡国民所得は Y_1 へと増加する。これに対して、貨幣需要の
利子弾力性が大きい場合は、均衡点が E_1' へと移動し、均衡国民所得は Y_1'
へと増加する。すなわち、貨幣需要の利子弾力性が大きいほど、国民所得の

増加の程度が大きく、拡張的財政政策の効果が大きくなることがわかる。

　一方、緩和的金融政策としてマネーサプライが増加すると利子率が低下する。このとき、貨幣需要の利子弾力性が大きいほど、一定のマネーサプライの増加による利子率の低下幅は小さくなる。また、マネーサプライの増加が利子率を低下させ、投資が増加することにより緩和的金融政策の効果が生じることを考えると、貨幣需要の利子弾力性が大きいほど、緩和的金融政策の効果は小さくなるのである。

第6章

総需要－総供給分析 ■

　これまで解説した45度線分析、IS-LM分析などのモデルでは、物価水準は一定と仮定された。総需要－総供給分析では、モデルに企業の総供給を明示的に導入し、国民所得と物価水準が決定される。経済における物価とは、一般に、経済において取引されるさまざまな財・サービスの価格の平均のことをいう。この点に関して、総需要－総供給分析では、これまで説明したモデルと同様に、生産される財の種類が1種類であると仮定することで、その価格を物価と考え、分析が行われる。

1 ■ 総需要－総供給分析とは

　財・サービス市場が完全競争市場（第3節で説明）であると仮定すると、各経済主体は価格に対してプライステイカーとして行動する。このため、各経済主体は、財市場で決定された価格を所与として、需要と供給を決定する。このとき、需要を集計したものが総需要で、供給を集計したものが総供給である。そして、物価はさまざまな水準に与えられる可能性があるので、それぞれに対して、総需要を対応させたものが総需要曲線であり、総供給を対応させたものが総供給曲線である。

　縦軸に物価水準、横軸に総需要、総供給、および国民所得水準を測った図において、これらの総需要曲線、総供給曲線の交点で、均衡物価水準と均衡国民所得水準が決定される（図6-1）。

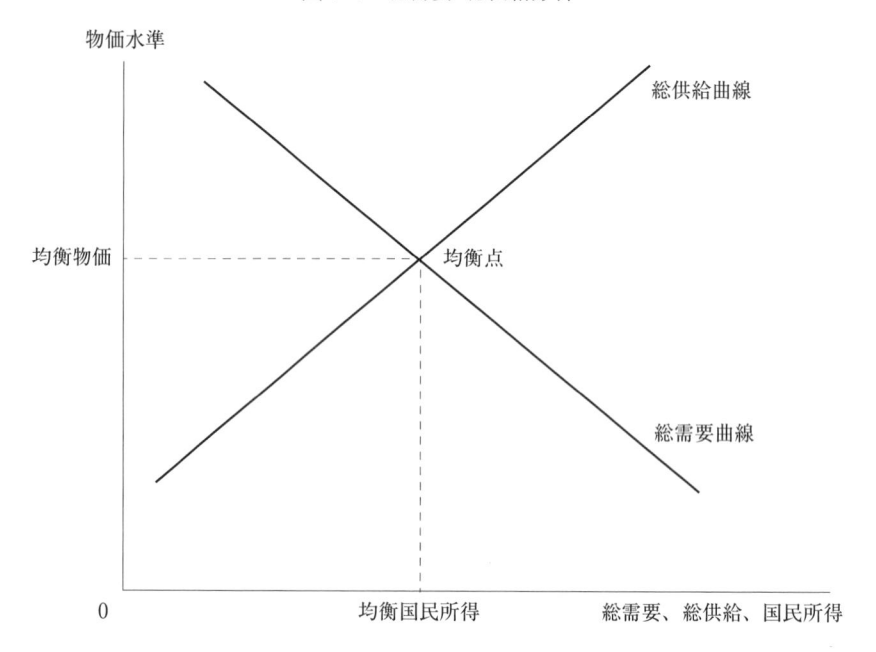

図 6-1　総需要-総供給分析

2 ■ 総需要曲線

　ここでは、総需要－総供給分析における総需要曲線と総供給曲線を導出し、国民所得水準と物価水準の決定について解説する。

①　総需要曲線とは

　総需要曲線とは、物価水準と総需要の組み合わせの集合である。総需要とは、一国における最終生産物への支出（購入）計画のことである。すなわち、総需要曲線は、さまざまな物価水準に対して、それぞれどれだけの総需要が対応するかを表す曲線である。

②　総需要曲線の導出

　総需要は、海外との財・サービスの取引がないとすれば、家計の消費 C、

図6-2　物価水準の変化による総需要の変化

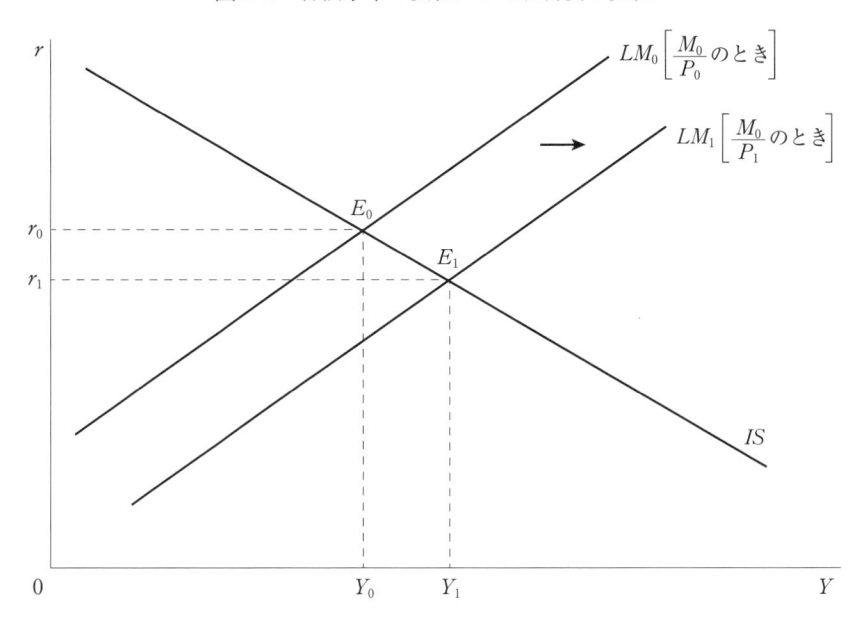

企業の投資 I、政府支出 G から構成される。そこで、さまざまな物価水準に対する総需要を、IS-LM 分析を基礎にして求め、総需要曲線を導出する。物価水準を一定とした IS-LM 曲線では、均衡国民所得が決定された。一方、総需要－総供給分析では、物価水準を、モデル内で決定される内生変数として導入しているため、IS-LM 分析によって得られる国民所得は総需要ということになる。

　次の式は、IS-LM 分析のモデルを示しており、図6-2 に対応している。ただし、モデルにおいて、物価水準が変数として導入されているため、物価水準が与えられると、国民所得 Y が決まる。また異なる物価水準が与えられると、決定される国民所得の水準も異なる。この国民所得は、需要面だけが考慮されたものであるから、総需要であると考えるべきである。

IS 曲線　：$Y = C(Y) + I(r) + G_0$　　　　　　　　　　　　(6-1)

LM 曲線：$\dfrac{M_0}{P} = L_1(Y) + L_2(r)$　　　　　　　　　　(6-2)

IS-LM分析では、物価を一定として、名目マネーサプライが増加すると、実質マネーサプライが増加することで、LM曲線が右方シフトして、利子率の低下と国民所得の増加が生じた。一方、名目マネーサプライが減少するとき、LM曲線が左方シフトして、利子率の上昇と国民所得の減少が生じた。これに対して、総需要－総供給分析では、物価水準が変化し、実質マネーサプライ（M/P）が変化することで、国民所得と利子率に同様の変化が生じる。

例えば、名目マネーサプライがM_0を一定として物価水準がP_0からP_1へと下落すると、実質マネーサプライが（M_0/P_0）から（M_0/P_1）へと増加する。これによって、LM曲線は右方にシフトし、財市場と貨幣市場の同時均衡で決まる国民所得はY_0からY_1へと増加する。このYを総需要Y^Dと考えると、（Y_0, P_0）と（Y_1, P_1）は、ともに、総需要と物価水準の組み合わせと考えることができる。すなわち、これらは、縦軸に物価水準、横軸に総需要水準を測った図に描かれる総需要曲線ADの上に位置する2点（A点、B点）であると考えられる（図6-3）。このADは、P_0、P_1以外の物価水準に対応する

図6-3　総需要曲線

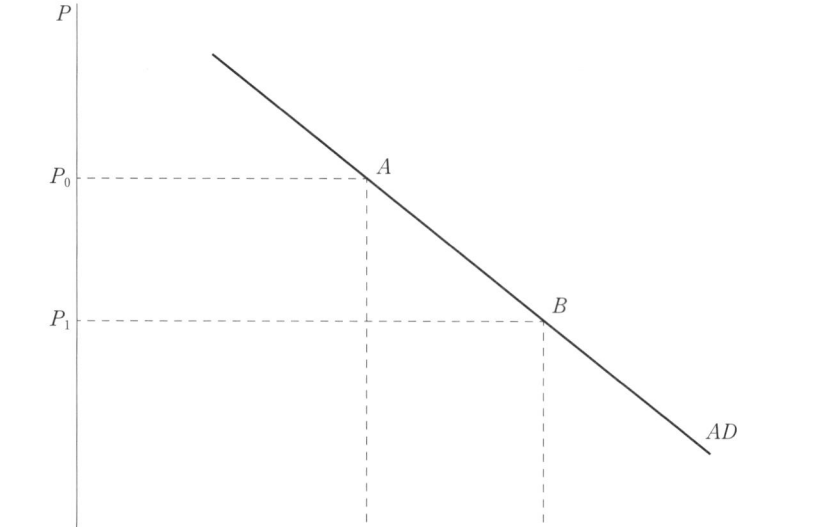

総需要と物価水準の組み合わせを求めて、図6-3に記入していくことで、描かれたものと考えるとよい。

③ 総需要曲線のシフト

物価水準を一定として、総需要が増加するとき、総需要曲線は右方シフトする。一方、物価水準を一定として、総需要が減少するとき、総需要曲線は左方シフトする。この点について、総需要曲線が、IS-LM分析をもとに導出されていることを考慮するとわかりやすい。すなわち、物価水準を一定としているIS-LM分析において、国民所得を増加させる要因は、総需要曲線の右方シフト要因である。一方、国民所得を減少させる要因は、総需要曲線の左方シフト要因である。

図6-5には、政府支出を増加させる拡張的財政政策が行われると、総需要曲線が右方にシフトすることが示されている。いま、図6-4において、IS曲線、LM曲線が物価水準P_0のもとで描かれているとしよう。このとき、政府支出が増大すると、IS曲線が右方にシフトし、均衡国民所得のY_0からY_1への増加と均衡利子率の上昇が生じる。一方、この均衡国民所得の変化は、総需要曲線が示されている図6-5において総需要のY_0^AからY_1^Aへの増加と解釈されるため、A点からA'点への移動で示される。またこの動きは、B点からB'点を含む、曲線上のどの点でも生じるので、総需要曲線の右シフトと考えることができる。

政府が減税を行う場合や、中央銀行がマネーサプライを増加させる場合でも、総需要曲線は右方シフトする。これら以外に、物価水準を一定として、消費支出、投資支出が増加する場合も、総需要曲線は右シフトする。他方、政府支出の減少、増税、マネーサプライの減少は、総需要曲線を左方にシフトさせる。また、物価水準を一定として、消費支出、投資支出が減少する場合も、総需要曲線は左方シフトする。

図6-4 拡張的財政政策

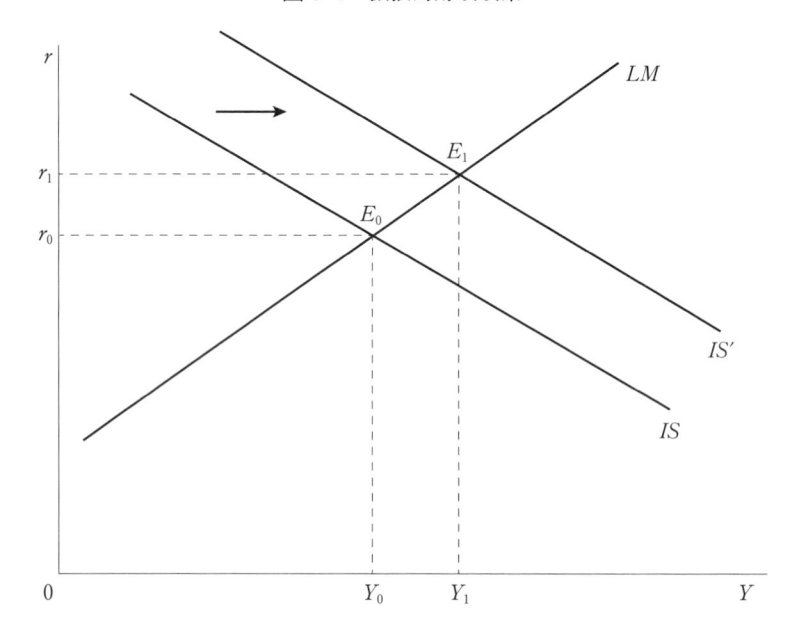

図6-5 総需要曲線のシフト

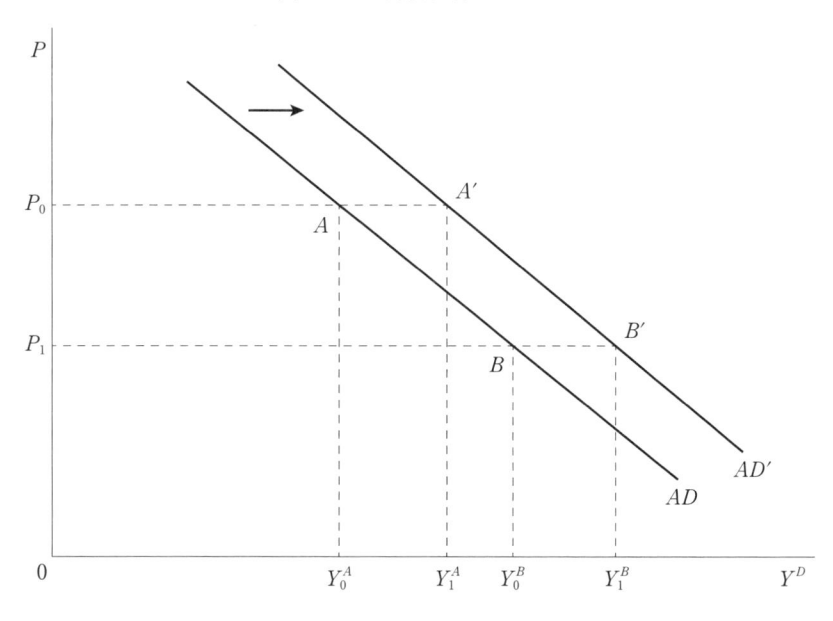

3 ■ 総供給曲線

① 総供給曲線とは

　総供給曲線とは、物価水準と総供給の組み合わせの集合である。総供給とは、企業による最終生産物の生産計画のことである。その際、企業は、物価水準を所与として、利潤最大化行動を行うと仮定する。このことから総供給曲線は、物価水準と企業の利潤最大化生産量の組み合わせの集合であるといえる。

　そこで、以下では、企業の利潤最大化について説明し、総供給曲線を導出する。

② 利潤最大化行動

　企業の利潤最大化行動において、生産要素の投入量と最終生産物の生産量の間にある技術的関係として、マクロ生産関数が重要である。

(1)　マクロ生産関数

　企業は生産において、生産要素として労働と資本を投入して、最終生産物を生産しているとする。また、分析期間を生産における短期として、労働 N が可変的生産要素であり、資本 K が固定的生産要素であると仮定する。このように、投入量を変更できない生産要素（ここでは資本 K）が存在する期間は、生産における短期と呼ばれる。一方、すべての生産要素の投入量を変更できる期間は、生産における長期と呼ばれる。

$$Y^S = F(N, \overline{K}) \tag{6-3}$$

　この式は、生産要素の投入量の組み合わせ $(N, \overline{K})$ と最終生産物の生産量である総供給 Y^S との技術的関係を示したものであり、マクロ生産関数と呼ばれる。また、資本投入量を示す K の上に引かれたバーは、資本の投入量が固定されていることを示す。このことは、例えば、企業は短期において生産設備が一定である状況を想定している。したがって、企業は、生産量をコントロールする際は、可変的な生産要素である労働投入量 N の変更で対応することになる。

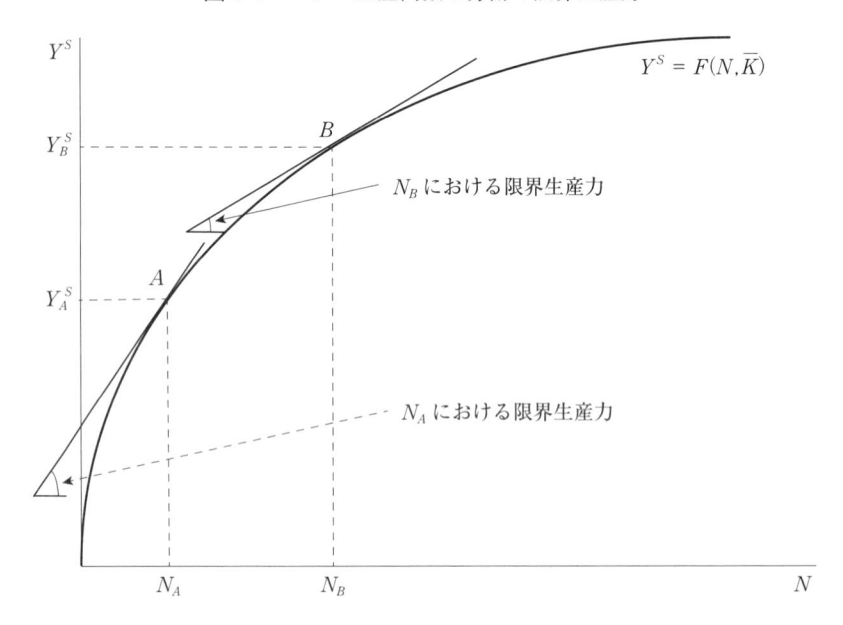

図6-6　マクロ生産関数と労働の限界生産力

　図6-6は、縦軸に総供給 Y^S、横軸に労働投入量 N を測り、マクロ生産関数を図示したものである。

(2)　労働の限界生産力

　企業は、生産量を増加させるとき、生産関数に沿って、労働投入を増加させる必要がある。このとき、労働投入量を1単位増加させることによる生産量の増加を、労働の限界生産力という。例えば、図6-6に描かれた生産関数上の A 点は、企業は、資本 $\overline{K}$ とともに労働を N_A 単位投入して、Y_A^S を生産することが可能であることを示している。このとき、資本投入量を一定として労働投入量を追加的に1単位増加すると、A 点において引いた接線の傾きに等しく生産量を増加させることができる。すなわち、生産関数上の点で引いた接線の傾きが、労働の限界生産力を示す。

$$N_A \text{ における労働の限界生産力}: \frac{\Delta F(N_A, \overline{K})}{\Delta N} \tag{6-4}$$

$$N_B \text{ における労働の限界生産力}: \frac{\Delta F(N_B, \overline{K})}{\Delta N} \tag{6-5}$$

図6-6における、A点およびB点に引いた接線の傾きの大きさからわかるように、労働投入量が増加すると、労働の限界生産力は小さくなる。すなわち、労働投入量の増大に伴って、労働の限界生産力は逓減する。

（3） 利潤の定義

企業の利潤 Π は、総収入 TR から総費用 TC を差し引くことにより求められる。

$$\Pi = TR - TC \tag{6-6}$$

ここで財および生産要素市場は、完全競争状態であると仮定する。完全競争とは、①多数の売り手、買い手の存在、②商品の同質性、③情報の完全性、④取引費用がゼロという4つの条件を満たす市場のことをいう。この完全競争市場では、売り手、買い手は、商品に対する価格支配力をもたず、市場で成立している価格を受け入れ、その価格のもとで需要または供給を行うプライステイカーとして行動する。企業は、最終生産物の価格である物価 P、労働の価格である名目賃金率 W、資本価格である資本のレンタルプライス（名目利子率）R に対して、プライステイカーとして行動する。すなわち、企業は、これらが所与であるとして、労働投入量と生産量を決定する。

総収入 TR は、次式のように、財の価格と生産量 Y^S をかけ合わせることで求めることができる。

$$TR = PY^S \tag{6-7}$$
$$= PF(N, \overline{K}) \tag{6-8}$$

総費用は、労働投入にかかる費用と資本投入にかかる費用の合計になる。

$$TC = WN + R\overline{K} \tag{6-9}$$

利潤は次式のように総収入 TR から総費用 TC を差し引くことで求められる。

$$\Pi = PF(N, \overline{K}) - (WN + R\overline{K}) \tag{6-10}$$

（4） 利潤最大化条件

この式において、P を所与とすると、利潤の大きさは、労働投入量に依存

して決まる。また、労働投入量を1単位増加させると、利潤の変化$\Delta\Pi/\Delta N$ は次式で示される。

$$\frac{\Delta\Pi}{\Delta N} = P\frac{\Delta F(N,\overline{K})}{\Delta N} - W \tag{6-11}$$

この式の右辺第1項は、財の価格と労働の限界生産力をかけた値であり、労働を1単位追加的に投入することで得られる総収入の増加を示している。一方、右辺第2項は、その労働にかかる費用の増加を示している。このとき、労働投入量を1単位増加させた場合の利潤の変化を、次の3つに場合分けできる。

①右辺の合計の値がプラスであれば、労働投入量を増加させ生産量を増加させることで、利潤を増加させることができる。また、②右辺の合計がゼロであれば利潤を増やすことができず、利潤が最大になっていると考えられる。さらに、③右辺の合計がマイナスの値であれば、労働投入量を減少させ、生産量を減少させることで、利潤を増加させることができる。

したがって、②の場合が示すとおり、利潤が最大となるように生産が行われているとき、(6-11)式の値がゼロとなっていることがわかる。このことから、利潤最大化条件を、次式のように書くことができる。

$$P\frac{\Delta F(N,\overline{K})}{\Delta N} = W \tag{6-12}$$

また、この式の両辺をPで割ることで、次の利潤最大化条件を次式のように示すこともできる。

$$\frac{\Delta F(N,\overline{K})}{\Delta N} = \frac{W}{P} \tag{6-13}$$

この式は、利潤最大化生産量において、労働の限界生産力（左辺）と実質賃金率（右辺）が一致することを示している。

図6-7において、物価水準がP_0のとき、実質賃金率がW/P_0となるので、企業が労働をN_0投入して、Y_0^Sを生産すると、マクロ生産関数上のe_0点で引かれた接線の傾きである労働の限界生産力がW/P_0に一致して、利潤最大化条件が満たされることが確認できる。一方、労働の限界生産力（左辺）が

図 6-7　利潤最大化生産量

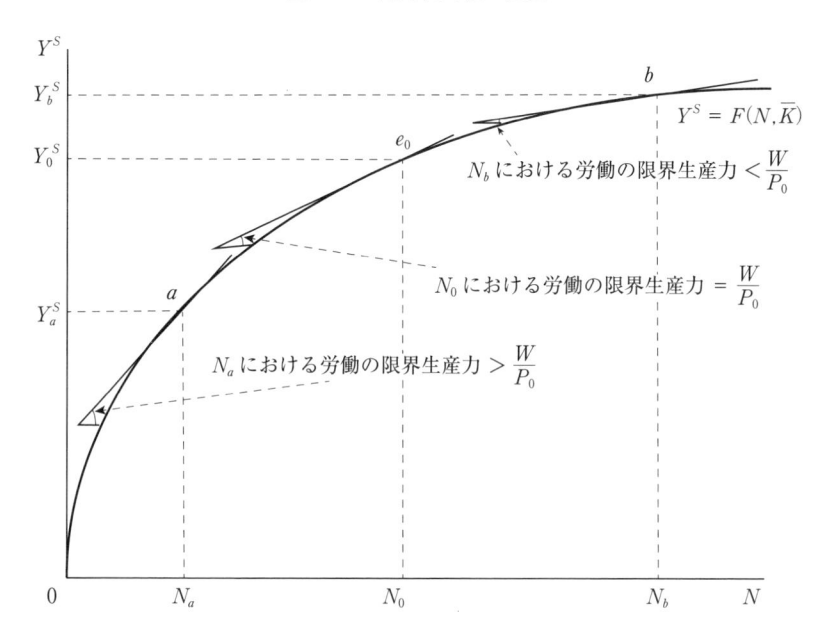

実質賃金率（右辺）よりも大きい場合は、労働投入量を増加させて、生産量を増加させることで、利潤を増加させることができる。この生産に対応するのは、図 6-7 の、労働投入 N_a と生産量 Y_a^S の組み合わせである。さらに労働の限界生産力が実質賃金率よりも小さい場合は、労働投入量を減少させて、生産量を減少させることで、利潤を増加させることができる。この生産に対応するのは、図 6-7 の労働投入 N_b と生産量 Y_b^S の組み合わせである。

③ 総供給曲線の導出

　図 6-8 は、財市場で成立する物価水準が P_0 と、より高い P_1 のそれぞれについて利潤最大化生産量を求め、総供給曲線の導出について説明したものである。ただし、ここでは、名目賃金率が何らかの理由で硬直的で変化しないと仮定し、W が一定であるとしよう。ここで名目賃金率 W を一定として物価水準が上昇すると、実質賃金率（W/P）が低下する。このとき、企業が、

図6-8　異なる物価水準と利潤最大化生産量

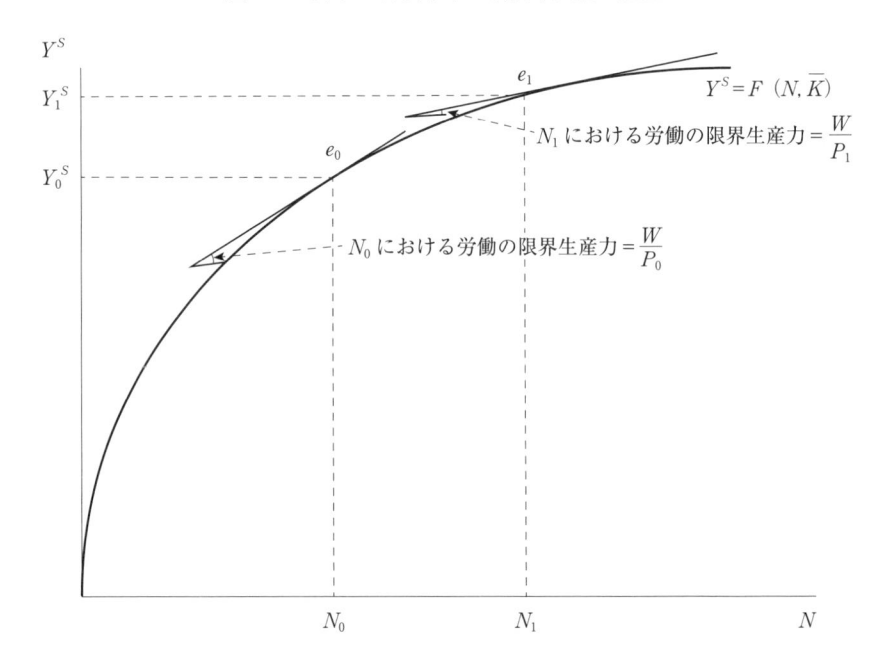

労働投入を N_0 とすると、労働の限界生産力が実質賃金率を上回り、総供給を増加させることで利潤を増加させることができる。結局、上昇した物価水準である P_1 のもとでは、労働投入量を N_1 へと増加させると、利潤最大化条件が満たされる。すなわち総供給は Y_1^S の水準となる。

　以上から、利潤を最大化する企業は、物価水準が P_0 のとき Y_0^S を生産し、それよりも高い物価水準である P_1 のとき Y_1^S を生産するが、これらの総供給と物価水準の組み合わせは、図6-9における総供給曲線 AS 上の2点（A 点、B 点）であると考えることができる。また、この AS は、P_0、P_1 以外の物価水準に対応する総供給との組み合わせを求めて、描かれたと考えるとよい。

　A 点と B 点との関係からわかるように、物価水準が上昇すると総供給が増加するため、総供給曲線は右上がりの形状となることが理解できる。また、物価水準が下落すると、名目賃金を一定として、実質賃金が上昇するので、企業は、労働投入を減らし、総供給を減少させることからも、総供給曲線が

図6-9　総供給曲線

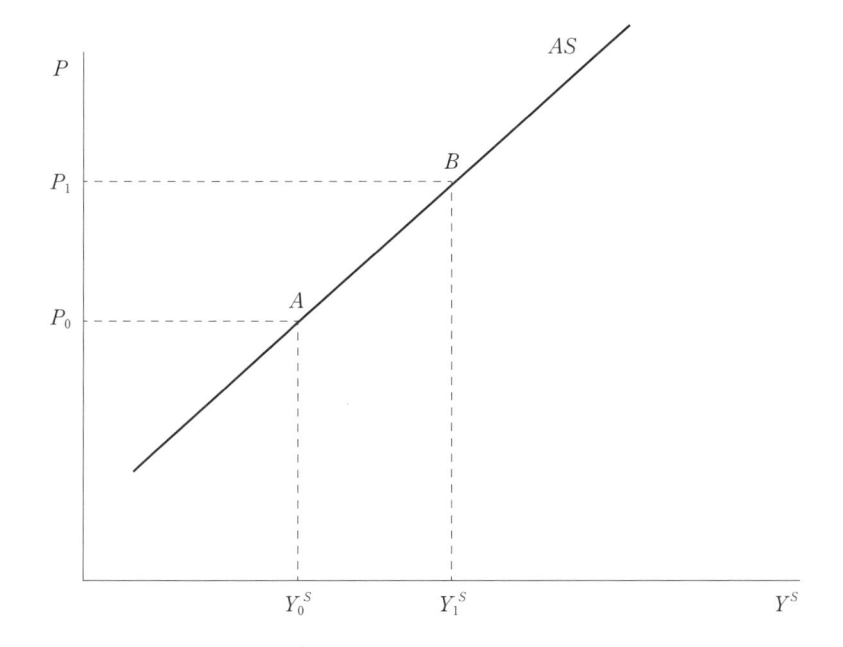

右上がり（左下がり）であることを確認できる。

④ 総供給曲線のシフト

　生産性の変化（技術進歩）や生産要素価格に変化が生じると、物価水準が一定であっても、総供給が変化する可能性がある。これらの要因による総供給の変化は、物価水準を一定として生じているので、総供給曲線のシフトに相当する。そこで、以下では、総供給曲線のシフトについて解説する。

（1）　生産要素価格の低下による総供給曲線のシフト

　生産要素価格として名目賃金率 W の低下を例にとって説明しよう。図6-10において、名目賃金率 W が低下する前、企業は、実質賃金率と労働の限界生産力が一致するように、労働投入量を N_0、生産量を Y_0^A としていたとする（A 点）。そこで、労働市場で成立している名目賃金率を W_0 として、それが W_1 へと低下したと仮定する。すると、実質賃金率が（W_0/P_0）から

図6-10 生産性の向上または生産要素価格の低下による総供給曲線のシフト

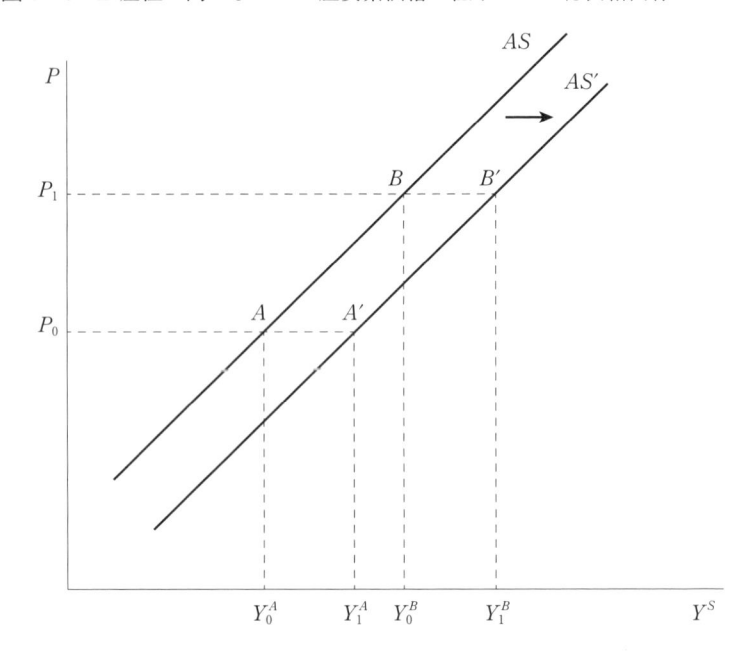

(W_1/P_0) へと低下するので、労働投入量を N_0、生産量を Y_0^A とすると、実質賃金率を労働の限界生産力が上回ることになる。このとき、企業は、労働投入量を N_0'、生産量を Y_1^A まで増加させることによって利潤を最大にすることができる（A' 点）。

　以上のように、生産要素価格が低下すると、総供給曲線上の A 点は A' 点へと移動する。また、生産要素価格の低下は、B 点を含む総供給曲線上のすべての点を右側に平行移動させることになる。すなわち、生産要素価格の低下により、総供給曲線が右方向にシフトする。

(2)　生産性の向上による生産関数のシフト

　労働と資本の投入量を一定としたときの生産量の大きさは、全要素生産性と呼ばれる。例えば、技術進歩が生じると、一般にこの値が大きくなるため、全要素生産性が向上したと考えられる。このとき、労働と資本の投入量が一定であるため総費用も一定であるから、総費用を一定として、生産量の増加

による総収入の増加は利潤を増加させる。このため、企業は生産量を増加させる可能性がある。

図 6-11 には、技術進歩により労働生産性が向上して、生産関数が F_A から F_B へと上方シフトした場合の利潤最大化生産量が示されている。生産関数が上方シフトすることで、生産性向上前の利潤最大化労働投入量 N_0 における労働の限界生産力が高まり、実質賃金を上回る状態となる。このとき、企業は、生産量を増加させることで利潤を増加させることができる。労働投入量を N_1 まで増加させ、総供給量が Y_1^S になると、利潤が最大化される。

以上のように、技術進歩により生産性が向上すると、図 6-10 における総供給曲線上の A 点は A' 点へと移動する。また、生産性の向上は、B 点を含む総供給曲線上のすべての点を右側に平行移動させることになる。すなわち、生産性の向上により、総供給曲線が右方向にシフトする。

これまで説明したように、物価水準を一定として、総供給が増加するとき、

図 6-11　生産性の向上による総供給の増大

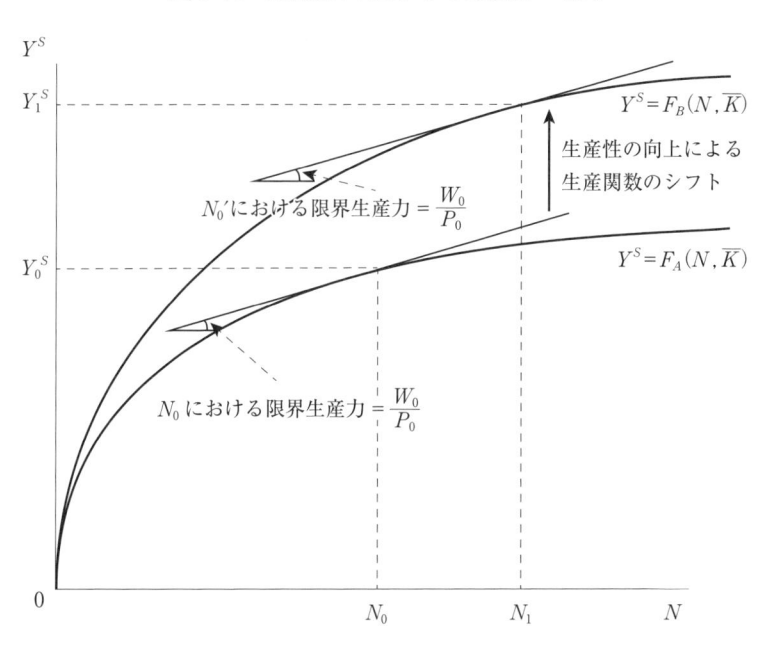

総供給曲線は右方シフトする。一方、物価水準を一定として、総供給量が減少するとき、総供給曲線は左シフトする。生産性の向上（技術進歩）、生産要素価格下落は、総供給曲線を右方シフトさせる要因である。一方、生産性の低下、生産要素価格上昇は、総供給曲線を左方シフトさせる要因である。

4 ■ 物価水準の決定とその動向

① 均衡物価水準の決定

　図6-12には、縦軸に物価水準、横軸に総需要、総供給、および国民所得の水準を測り、これまで導出した総需要曲線と総供給曲線の両方が描かれている。この図において、両曲線が交差する E_0 点が均衡点である。すなわち、この点に対応する均衡物価水準 P_0 のもとで、総需要と総供給が一致して均衡が成立し、均衡国民所得が Y_0 となる。

図6-12　均衡物価水準の決定

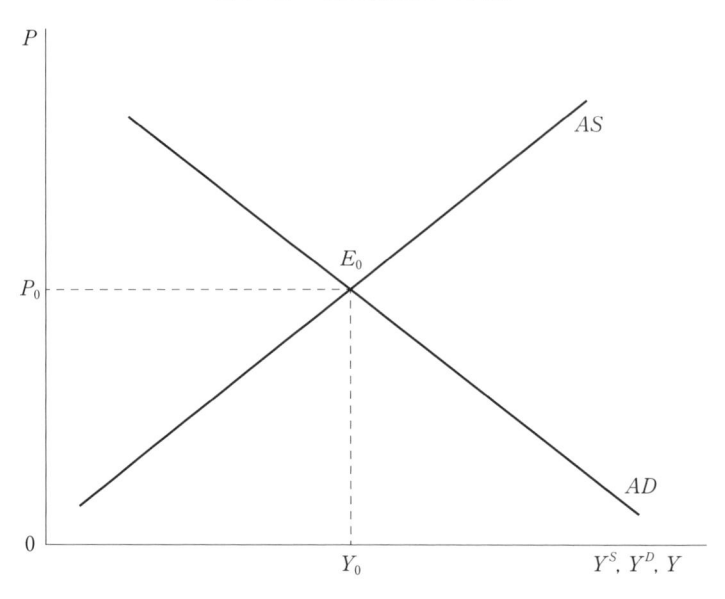

② インフレーションとデフレーション

物価水準が、継続的に上昇する現象をインフレーションと呼び、逆に、継続的に下落する現象をデフレーションと呼ぶ。以下では、このインフレーションとデフレーションが生じる要因について解説する。

(1) 需要サイドの要因によるインフレーション

図6-13において物価水準を一定として、消費支出、投資支出、政府支出、マネーサプライなどが増加すると、総需要曲線が右方にシフトする。これによって、均衡点は、E_0 から E_1 へと移動して、均衡物価水準は P_0 から P_1 へと上昇し、均衡国民所得が Y_0 から Y_1 へと増加する。すなわち、インフレーションが生じる。このように、需要サイドの要因によって生じるインフレーションはディマンドプルインフレーションと呼ばれる。

(2) 供給サイドの要因によるインフレーション

図6-14において生産性の低下や生産要素価格の上昇が生じると、総供給曲線が左方にシフトする。これによって、均衡物価水準は P_0 から P_1 へと上

図6-13　需要サイドの要因によるインフレーション

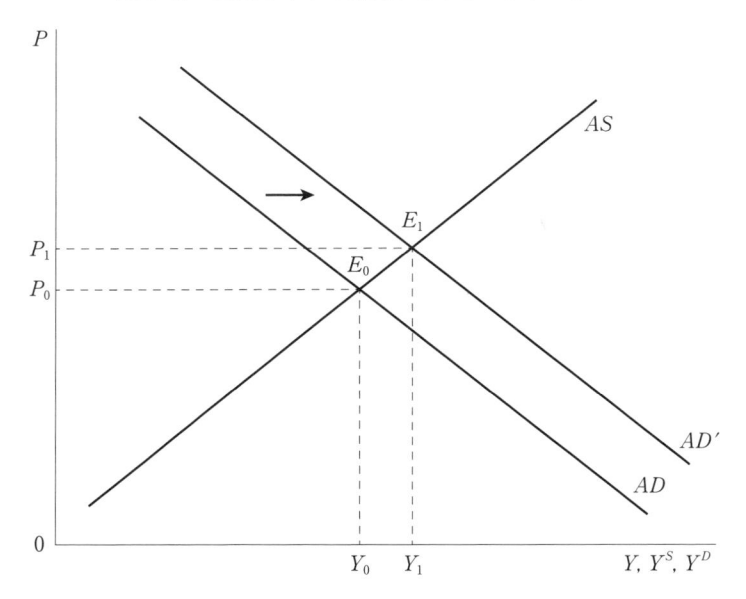

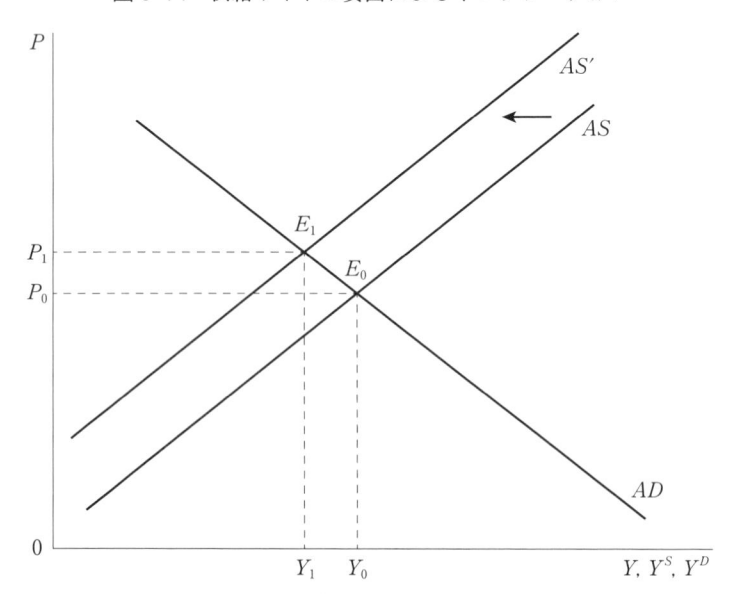

図6-14 供給サイドの要因によるインフレーション

昇し、均衡国民所得は Y_0 から Y_1 へと減少する。すなわち、インフレーションが生じる。このように、供給サイドの要因によって生じるインフレーションはコストプッシュインフレーションと呼ばれる。

(3) 需要サイドの要因によるデフレーション

図 6-15 において物価水準を一定として、消費支出、投資支出、政府支出、マネーサプライなどが減少すると、総需要曲線が左方にシフトする。これによって、均衡点は、E_0 から E_1 へと移動して、均衡物価水準は P_0 から P_1 へと低下し、均衡国民所得が Y_0 から Y_1 へと減少する。すなわち、デフレーションが生じる。このように、需要不足によるデフレーションが生じる可能性がある。

(4) 供給サイドの要因によるデフレーション

図 6-16 において生産性の上昇や生産要素価格の低下が生じると、総供給曲線が右方にシフトする。これによって、均衡物価水準は P_0 から P_1 へと低下し、均衡国民所得は Y_0 から Y_1 へと増加する。すなわち、デフレーショ

図6-15　需要サイドの要因によるデフレーション

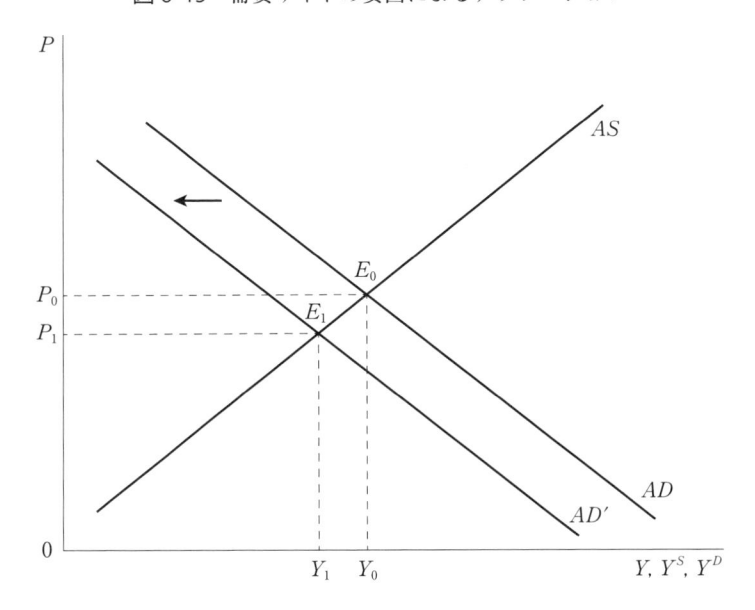

図6-16　供給サイドの要因によるデフレーション

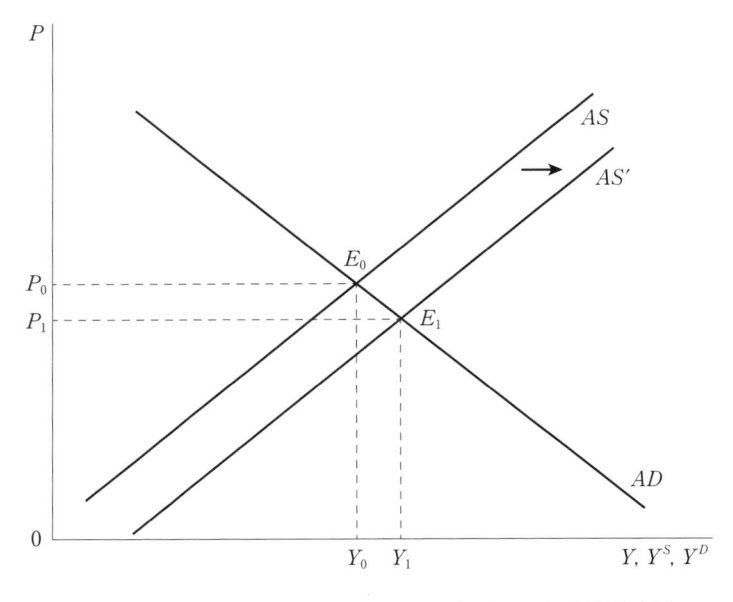

ンが生じる。このように、供給サイドの要因によって生じるデフレーション
の場合、国民所得の増加を伴う。

(5)　インフレーション、デフレーションへの政策的対応

　総需要曲線を右方シフトさせる需要サイド要因、または総供給曲線を左方
シフトさせる供給サイド要因によって、インフレーションが生じる可能性が
ある。ただし、総需要曲線の右シフト要因により生じるインフレーションは、
均衡国民所得水準の増加を伴うが、総供給曲線の左シフト要因により生じる
インフレーションは、均衡国民所得水準の減少を伴う。

　また、総需要曲線を左方シフトさせる需要サイド要因、または総供給曲線
を右方シフトさせる供給サイド要因によって、デフレーションが生じる可能
性がある。ただし総供給曲線の右シフト要因により生じるデフレーションは、
均衡国民所得の増加を伴うが、需要曲線の左方シフト要因により生じるデフ
レーションは、均衡国民所得水準の減少を伴う。

　政策的な意図とは異なるインフレーション、デフレーションが発生すると
き、政府や中央銀行は、必要に応じて対策を行う可能性がある。その際、そ
の物価水準の変化が、需要サイドと供給サイドのどちらにあるかによって、
行うべき政策が異なる可能性があることには注意を要する。例えば、物価水
準を一定として、消費、投資が減少することによって生じたデフレーション
の場合、国民所得水準の減少と失業の増加を伴うので、マネーサプライの増
加で対応するなど、総需要を増加させる必要があるかもしれない。一方、生
産性の向上によって生じたデフレーションに対しては、国民所得水準の増加
を伴う。ただし、生産性が向上しているので失業が減少するとは限らない。
この場合、物価水準を引き上げるための政策的対応が必要か否かについては、
別途、判断する必要がある。

5 ■ 長期総供給曲線と物価水準

① 長期総供給曲線

　これまで扱ってきた総供給曲線の形状が右上がりになるのは、名目賃金率

が硬直的であるという仮定によるものである。名目賃金率が硬直的であるとき、物価水準が上昇すると実質賃金率が低下して、企業にとって労働投入の限界的費用が低下することから、利潤最大化生産量である総供給が増加するのである。

　一方、名目賃金率が一定のもとで、物価水準が上昇し、実質賃金が低下することにより労働供給が増加する理由として、非自発的失業の存在と労働者の貨幣錯覚の問題が指摘できる。非自発的失業とは、現在成立している名目賃金率で働きたいが、雇用されないために生じる失業である。また、貨幣錯覚とは、例えば、労働供給者が物価の上昇、すなわち貨幣価値の低下をタイムリーに把握できず、実質賃金の低下を正確に認知できない状態のことである。そして、この状況は、現実の物価の上昇よりも、労働供給者の期待物価上昇率が低いことを意味している。

　このように、期待が現実に一致しない期間を短期、期待が現実に一致する期間を長期と定義することもある。このとき、総供給曲線が右上がりの形状になるのは、短期においてであり、その総供給曲線を短期総供給曲線と呼ぶことができる。一方、労働者の物価水準に対する期待と現実が一致するとき、非自発的失業が存在せず、完全雇用が実現する。このとき、物価水準の上昇が生じると、それがすべて名目賃金率の上昇に反映する。したがって、実質賃金率が不変となり、企業は労働投入を増加させず、生産量を増加させない。図6-17において、物価水準がP_Zのとき、総供給がY_Fとなり（Z点）、完全雇用となっていることが示されている。このとき、物価水準が上昇しても総供給は増加せず、総供給曲線は完全雇用国民所得水準Y_Fで垂直となる。この垂直な総供給曲線が、長期総供給曲線である。

② 物価水準の決定と財政金融政策の有効性

　完全雇用が実現し、完全雇用国民所得水準Y_Fが実現すると、物価水準は、総需要の水準に依存して決定される。また、このとき、拡張的財政政策や緩和的金融政策を実施すると、総需要曲線はAD_0からAD_1へと右方シフトする。しかし、それらの政策の効果として、均衡物価水準がP_0からP_1へと上昇す

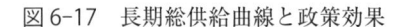

図 6-17　長期総供給曲線と政策効果

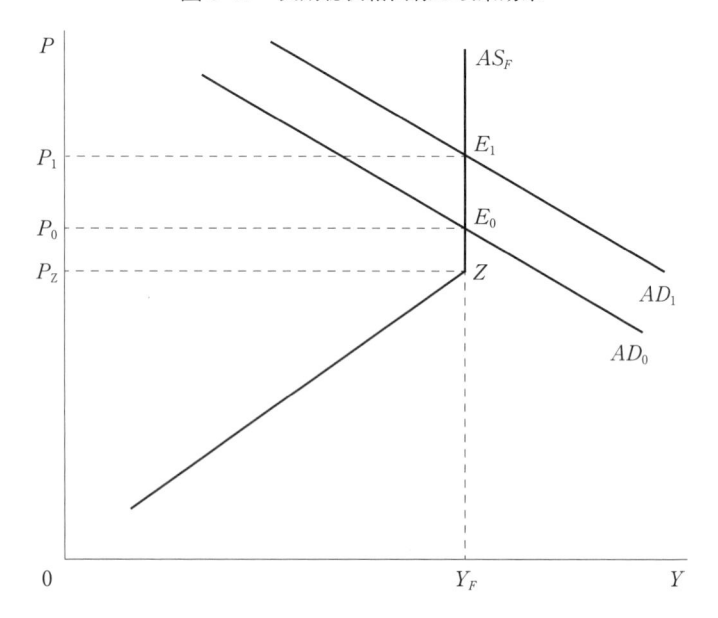

るだけで、均衡国民所得水準は増加しない。すなわち、長期総供給曲線のもとでは、物価水準を変化させるだけで、国民所得を変化させることを意図した財政・金融政策は無効となる。

第7章

経済成長理論 ■

経済学では、一般に、経済活動の水準は総需要と総供給の相互作用により決定されると考えられている。また、経済学における経済変動の分析では、GDP の短期的な変動の要因を需要側に、長期的な変動の要因を供給側にあると想定される場合がある。

この章では、長期の経済動向を分析するため、一国における供給能力が、長期的にどのように成長するかについての説明が中心となる。生産における短期において、通常、生産技術、資本ストック、労働人口は、一定であると仮定される。これに対して、長期では、これらの経済変数は経済成長を決定づける変数として扱われる。

そこで、資本が完全利用され、労働が完全雇用されると想定し、長期の経済成長について見ていこう。

1 ■ 経済成長の要因と成長会計

① 長期におけるマクロ生産関数

長期における経済成長の要因は、主として、供給側にあると考えられることから、第6章で説明された、マクロ生産関数について、詳しく見ることにする。

一国の最終生産物の生産量 Y は、長期において、資本ストックの投入量 K、労働投入量 N、および技術水準 A を変数に依存すると仮定すると、その対応関係が、マクロ生産関数である。また、マクロ生産関数における Y は、資本ストックを完全利用し、労働を完全雇用することで達成できる GDP で

あることから、潜在 GDP と呼ばれる。

　単純化のために固定資本減耗がないものと仮定すると、一国全体における技術水準、生産要素の投入と潜在 GDP との技術的関係を表すマクロ生産関数は、次式のように示すことができる。

$$Y = F(A, K, N) \tag{7-1}$$

　マクロ生産関数において、技術水準 A の向上は、全要素生産性の向上を示す。全要素生産性の向上とは、同じ資本投入量と労働投入量のもとで、生産量が高まることをいう。すなわち、技術水準 A の向上は、他の要因を一定として、潜在 GDP を増加させる。

　また、技術水準 A と資本ストック K の量を一定として、労働人口が増加し、労働投入量 N が増加する場合、潜在 GDP は増加する。一方、労働人口が減少し、労働投入量 N が減少すると、潜在 GDP は減少する。さらに、技術水準 A と労働投入量 N を一定として、資本ストック K の投入量が増加すると、潜在 GDP は増加する。一方、資本ストックの投入量が減少すると、潜在 GDP は減少する。

　このマクロ生産関数の具体的な型として、次式で示すコブ＝ダグラス型生産関数を採用しよう。

$$Y = AK^{a}N^{1-a} \tag{7-2}$$

　上式において、a は生産された付加価値が資本に分配される割合を示す資本分配率を、$(1-a)$ は生産された付加価値が労働に分配される割合を示す労働分配率を表している。a はゼロよりも大きく、1 よりも小さいと仮定する（$0 < a < 1$）。

② 潜在 GDP 成長の要因分解

　この生産関数は、次式のように、変数の変化率で示すことができる。そしてこの式は、潜在 GDP の成長を要因分解する成長会計の式として知られている。

$$\frac{\Delta Y}{Y} = \frac{\Delta A}{A} + a\frac{\Delta K}{K} + (1-a)\frac{\Delta N}{N} \tag{7-3}$$

この式右辺のそれぞれの項は、潜在 GDP 成長率を、技術進歩率（全要素生産性成長率）による成長、資本蓄積による成長、および労働人口の増加による成長を示したものだと理解できる。ただし、右辺第 1 項に示される技術進歩率は、潜在 GDP 成長率から資本と労働の寄与を差し引いた「残差」として示されている。この残差は、それを名づけたソローの名に因んでソロー残差と呼ばれている。

　この成長会計の考え方は、過去の経済成長がどの要素によってどれだけ達成されたかを評価するとともに、経済成長の 3 つの要因の将来予測から、将来の経済成長率を推計するために使われている。

③ 1 人当たりの潜在 GDP の動向

　長期の経済において、人口が減少していく国においては、労働人口も減少していくため、潜在 GDP 成長率が低下する可能性が高く、マイナス成長に陥る場合も考えられる。このような場合、1 人当たりの潜在 GDP である労働生産性の動向が重要である。そこで、コブ＝ダグラス型のマクロ生産関数の両辺を人口で割り、労働生産性を表す式に変形する。

$$y = Ak^{\alpha} \tag{7-4}$$

　この式において、$y(= Y/N)$ は 1 人当たりの潜在 GDP、$k(= K/N)$ は 1 人当たりの資本ストックである資本装備率を示す。次式は、この式の両辺を変化率で示したものである。

$$\frac{\Delta y}{y} = \frac{\Delta A}{A} + \alpha \frac{\Delta k}{k} \tag{7-5}$$

　この式は、1 人当たりの潜在 GDP の変化率には、技術進歩率と資本装備率の変化が影響することを示している。GDP と国民所得が等しいと仮定すすれば、この式から、技術進歩と 1 人当たりの資本ストックの増加が、1 人当たりの所得水準を上昇させることが理解できる。また、人口減少の中で潜在 GDP が減少する場合でも、技術進歩と 1 人当たりの資本ストックの増加によって、潜在 GDP 低下率が人口減少率を下回り、1 人当たりの潜在 GDP が増加する可能性がある。

2 ■ 新古典派経済成長理論

1 新古典派経済成長理論とは

　新古典派経済成長理論では、長期における経済を以下のように捉えて、経済成長をモデル化している。

　経済主体として企業と家計が存在し、それぞれ財市場、生産要素市場で取引を行っている。企業は利潤最大化を目指して、生産要素である資本ストックと労働を投入して財を生産する。一方、家計は生産要素である資本および労働を、生産要素市場で企業に提供して所得を稼ぎ、消費または貯蓄を行う。

　企業と家計が取引を行う財市場および生産要素市場は完全競争状態であり、企業、家計は、財価格および生産要素価格に対して、プライステイカーとして行動する。すなわち、財価格、資本ストックの価格である資本のレンタルプライス（利子率）および労働の価格である賃金率は、それぞれの市場で決定され、家計、企業はそれらを所与として行動する。

　経済において生産される財の種類は1種類で、それは消費にも投資にも用いることができる万能財である。すなわち生産された財は、消費することもできるし、将来の生産のために資本ストックとして蓄積してもよい。財市場および生産要素市場について、完全競争を仮定しているので、財、資本ストック、労働はそれぞれ同質となる。

　以上のような経済活動が多期間にわたって行われる長期の経済において、生産要素である労働人口の伸び、投資によって増加する資本ストックの蓄積、生産技術の進歩などが潜在GDPの成長経路を規定することになる。この点は、成長会計との共通点である。

　以下では、いくつか存在する経済成長理論のうち、もっとも基本となるソローによる新古典派経済成長モデルであるソローモデルを中心に解説する。

2 マクロ生産関数とその性質

　単純化のために技術進歩や固定資本減耗がないものと仮定して、一国全体における、生産要素の投入と最終生産物の生産量との技術的関係を表すマク

ロ生産関数と、その性質について見ていこう。生産要素の投入量の組み合わせ (K, N) と生産量 Y との対応関係は、次式のマクロ生産関数として示すことができる。ただし、このマクロ生産関数は、第 6 章 3 節で扱ったものと本質的には同じものであるが、この章では（生産における）長期の分析を行うので、資本投入量 K が固定されていないことに注意を要する。

$$Y = F(K, N) \tag{7-6}$$

(1) 生産要素の限界生産力

第 6 章 3 節 2 項ですでに説明したように、限界生産力とは、ある生産要素の投入量を一定として、他の生産要素の投入量を 1 単位増加させたときの生産量の増加のことをいう。例えば、資本ストック投入量を一定として、労働投入量を 1 単位増加させたときに得られる生産量の増加分 $(\Delta Y/\Delta N)$ は、労働の限界生産力と呼ばれる。また、労働の投入量を一定として、資本ストックの投入量を 1 単位増加させたときに得られる生産量の増加分 $(\Delta Y/\Delta K)$ は、資本の限界生産力と呼ばれる。そして、それらはともに正の値であると仮定する。

$$\frac{\Delta Y}{\Delta N} = \frac{\Delta F(K, N)}{\Delta N} > 0 \tag{7-7}$$

$$\frac{\Delta Y}{\Delta K} = \frac{\Delta F(K, N)}{\Delta K} > 0 \tag{7-8}$$

この仮定により、一定の生産要素を組み合わせて投入し、生産を行っている状況において、どちらか一方の生産要素の投入量だけを増加させると、生産量が必ず増加することになる。

(2) 限界生産力逓減

この仮定は、各生産要素の限界生産力が、それぞれの生産要素の投入量の増加とともに減少することを意味している。この仮定により、一定の生産要素を投入して生産を行っている状況において、どちらか一方の生産要素の投入量だけを増加させると、生産量は必ず増加するが、その生産要素の投入量の増加にしたがって生産量の増加分は小さくなる。

(3) 規模に関する収穫一定

規模に関する収穫一定とは、投入するすべての生産要素の投入量を一定倍

すると生産量も同じ倍数だけ変化する生産関数の性質のことをいう。規模に関する収穫一定の生産関数において、資本ストックおよび労働の投入量を λ 倍すると生産量も λ 倍となる。

$$\lambda Y = F(\lambda K, \lambda N) \tag{7-9}$$

例えば、資本ストックおよび労働の投入量を2倍（$\lambda = 2$）とすると生産量も2倍となる。

(4) 1人当たり生産関数

規模に関する収穫一定を仮定して、マクロ生産関数の両辺を労働投入量で除すと、1人当たりの生産量（Y/N）を表す次式を得る。この式において、1人当たりの生産量 y は、1人当たりの資本ストックの量を示す資本装備率 k に依存して決まる。この関係は、この国における1人当たりの平均的な機械の台数に依存して、1人当たりの生産量が決まることを示すと理解するとよい。

$$\frac{Y}{N} = F(\frac{K}{N}, 1) \tag{7-10}$$

1人当たりの変数を小文字で示すと、この式は、次式のように変形できる。

$$y = f(k) \tag{7-11}$$

$$Ny = Nf(k) \tag{7-12}$$

ここで、y は1人当たりの生産量（Y/N）を、k は1人当たりの資本ストック（K/N）を示している。そこで、この1人当たり生産関数を用いて、労働の限界生産力（$\Delta Y/\Delta N$）、資本の限界生産力（$\Delta Y/\Delta K$）を次式に示す。

$$\frac{\Delta Y}{\Delta N} = \frac{\Delta F(K, N)}{\Delta N} = f(k) - kf'(k) > 0 \tag{7-13}$$

$$\frac{\Delta Y}{\Delta K} = \frac{\Delta F(K, N)}{\Delta K} = f'(k) > 0 \tag{7-14}$$

③ 企業の利潤最大化行動とその条件

企業の名目利潤 Π は、収入と費用の差であるから、価格と生産量をかけて求められる総収入 TR から労働投入にかかる費用と資本投入にかかる総費

用 TC を差し引くことにより、次式のように示すことができる。

$$\Pi = 総収入\ TR - 総費用\ TC \tag{7-15}$$

$$\Pi = PY - (WN + RK) \tag{7-16}$$

この式において、P は財価格、W は労働投入量 1 単位当たりの価格である名目賃金率、R は資本投入量 1 単位当たりの価格である資本のレンタルプライスである。この式の両辺を P で割ると、実質利潤 π を表す式が示される。

$$\frac{\Pi}{P} = Y - \left(\frac{W}{P} N + \frac{R}{P} K\right) \tag{7-17}$$

$$\pi = y - (wN + rK) \tag{7-18}$$

この式において、w は実質賃金率、r は資本の実質利子率を表す。

利潤を最大化する生産において、労働投入と資本ストック投入に関して、次の条件が成立する。

$$w = f(k) - kf'(k) \left[= \frac{\Delta Y}{\Delta N}\right] \tag{7-19}$$

$$r = f'(k) \left[= \frac{\Delta Y}{\Delta K}\right] \tag{7-20}$$

すなわち、企業が利潤最大化を行うとき、労働の限界生産力は実質賃金に等しく、資本の限界生産力は実質利子率に等しいという条件が成立する。

④ 経済の動き

(1) 労働人口成長率

以上のような経済活動が行われる世界において、潜在 GDP の成長について、労働人口 N の成長率を n で所与として、説明する。また、労働人口が n の率で成長する場合、t 期の労働人口と $t+1$ 期の労働人口は、次のような関係を示す。

$$\frac{\Delta N}{N} = n \tag{7-21}$$

$$N_{t+1} = (1+n)N_t \tag{7-22}$$

(2)　資本ストックの変化

　マクロ生産関数にしたがって、その期に存在する労働人口 N と資本ストック K によって生産が行われ、その生産量 Y に等しい所得分配が行われるとする。この所得 Y のうち、限界消費性向 c（$=1-s$）の割合が消費（C）され、残りが貯蓄となる。すなわち、所得 Y のうち、1 単位の所得増加による貯蓄増加の大きさを意味する限界貯蓄性向 s（$0 < s < 1$）の割合が貯蓄（S）される。

$$S = sY \tag{7-23}$$

　また、財市場均衡を考慮すると、貯蓄 S に等しく投資 I が行われる。

$$S = I \tag{7-24}$$

　このとき、固定資本減耗がないと仮定しているので、投資 I に等しく資本ストック K が増加することになる。

$$I = \Delta K \tag{7-25}$$

　したがって、資本ストックの増加 ΔK は、その期の貯蓄 sY に等しくなる。

$$\Delta K = sY \tag{7-26}$$

　次の期には、増加した労働と資本ストックを用いて生産が行われて、以降、同様のプロセスが繰り返されると考えられる。

⑤　ソローモデル（技術進歩および固定資本減耗がないケース）

　この項では、新古典派経済成長モデルの基本となるソローモデルにおける資本装備率の各期の変化と、長期均衡である定常状態について見ていくことにする。

(1)　資本蓄積の基本方程式

　これまで定式化した経済の動きをもとにして、以下、資本装備率 k の動きについて説明する。労働人口成長率が n で一定であるので、k の動きが明らかになれば、その期の 1 人当たりの GDP（$f(k)$）を求めることができる（(7-11)式）。それに労働人口 N をかけると、一国の潜在 GDP（$Nf(k)$）を求めることができる（(7-12)式）。

　資本装備率 k は、資本ストック K を労働人口で割った値であり、その変

化率（$\Delta k / k$）は、資本ストックの変化率（$\Delta K / K$）から労働人口成長率（$\Delta N / N$）を差し引くことで求められる。

$$k = \frac{K}{N} \tag{7-27}$$

$$\frac{\Delta k}{k} = \frac{\Delta K}{K} - \frac{\Delta N}{N} = \frac{\Delta K}{K} - n \tag{7-28}$$

この式は、資本装備率 k が、労働人口を一定として資本ストックが増加することにより上昇するが、新たに資本ストックをシェアする労働人口の増加により低下することを示している。

さらに、(7-28)式の ΔK に(7-26)式を代入して、$Y = Nf(k)$（(7-12)式）を考慮すると、資本装備率の変化率を、次式のように書くことができる。

$$\frac{\Delta k}{k} = \frac{sNf(k)}{K} - n \tag{7-29}$$

この式の両辺に K をかけると、資本装備率の変化を示す式を得る。これら2つの式は、新古典派経済成長理論でもっとも重要な、資本蓄積の基本方程式である。

$$\Delta k = sf(k) - nk \tag{7-30}$$

この式において資本装備率は、1人当たりの貯蓄が増加する分だけ上昇する（右辺第1項）一方、労働人口の増加があるとその人たちと資本ストックをシェアするため低下する（右辺第2項）。この辺の2項間の大小関係により、資本装備率の動きが決まる。

(2) 定常状態（長期均衡）

新古典派経済成長理論では、資本装備率 k が一定となって変化しなくなる状態、つまり $\Delta k = 0$ となる状態を定常状態と呼び、それを長期均衡と考える。定常状態では、資本装備率 k^* が一定になるため、1人当たり GDP である y^*（$= f(k^*)$）も一定となる。このため、潜在 GDP の増加率（$\Delta Y / Y$）は、労働人口成長率 n に等しくなる。

図7-1 において、長期均衡における資本装備率 k^* が示されている。この図において、1人当たりの生産量 y と資本装備率 k の関係を示す1人当たり

生産関数 $(y = f(k))$ が点線で示されている。限界貯蓄性向 s が 0 よりも大きく 1 よりも小さいことに注意すると、資本装備率 k に対する 1 人当たり貯蓄 $(sf(k)：(7\text{-}30)$式の右辺第 1 項$)$ が実線で示されることがわかる。また、資本装備率 k に対する nk $((7\text{-}30)$式の右辺第 2 項$)$ が直線で示されている。

　定常状態では $\Delta k = 0$ となるので、$(7\text{-}30)$式より、資本装備率 k^* において、$sf(k^*) = nk^*$ が成立することがわかる。すなわち、図 $7\text{-}1$ における $sf(k)$ と nk の交点 A に対応する k^* が、定常状態（長期均衡）における均衡資本装備率となる。

　資本装備率が、k^* よりも低い水準 k_1 であるとき、図 $7\text{-}1$ において $sf(k_1)$ $> nk_1$ となっているので、資本装備率が k^* に向けて増加（$\Delta k > 0$）していることがわかる。一方、資本装備率が、k^* よりも高い水準 k_2 であるとき、図 $7\text{-}1$ において $sf(k_2) < nk_2$ となっているので、資本装備率が k^* に向けて

図 7-1　資本装備率の動きと経済成長

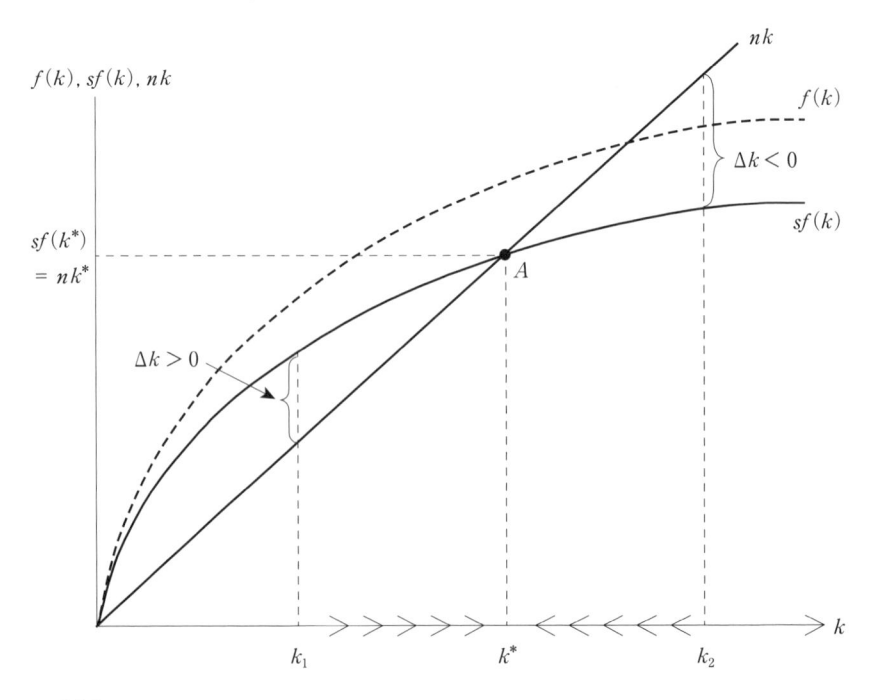

表 7-1 資本装備率の水準とその動き

k の水準		$sf(k)$ と nk の大小関係	k の符号と動き
k_1	$\Rightarrow$	$sf(k) > nk$	$\Rightarrow \Delta k > 0$（k は増加）
k^*	$\Rightarrow$	$sf(k) = nk$	$\Rightarrow \Delta k = 0$（k は一定）
k_2	$\Rightarrow$	$sf(k) < nk$	$\Rightarrow \Delta k < 0$（k は減少）

減少（$\Delta k < 0$）していることがわかる。以上のように、資本装備率は、時間とともに均衡資本装備率 k^* へと収束することから、この均衡は安定的であるということができる。

　これらの動きは、表 7-1 でも確認することができる。

(3) 労働人口率の変化、および貯蓄率の変化と長期均衡

■ 労働人口成長率の変化と長期均衡　　ここでは、所与として扱ってきた労働人口成長率 n が変化するとき、長期均衡にどのような影響があるかについて説明する。図 7-2 には、労働人口成長率が n から n' へと上昇するときの、資本装備率の変化が示してある。

　図において労働人口成長率が上昇すると、直線 nk の傾きが急になる。その結果、直線 nk と曲線 $sf(k)$ との交点が A 点から B 点へと移動し、長期均衡における資本装備率は、k^* から k' へと低下する。このとき、1 人当たり GDP も $f(k^*)$ から $f(k')$ へと低下する。つまり、労働人口成長率が高まると、長期均衡における 1 人当たり国民所得は低下することになる。

　反対に、労働人口成長率が低下すると、定常状態における資本装備率は上昇し、1 人当たり GDP が上昇するので、1 人当たり国民所得は上昇することになる。

■ 貯蓄率の変化と長期均衡　　貯蓄率が変化するとき、長期均衡にどのような影響があるかについて図 7-3 を用いて説明する。いま、消費・貯蓄行動が変化し、家計の消費性向が高まり、貯蓄率が s から s' へと低下するとしよう。このとき、曲線 $sf(k)$ が下にシフトし、直線 nk との交点が A 点から B 点へと移動し、長期均衡における資本装備率は、k^* から k' へと低下する。

　このとき、1 人当たり GDP も $f(k^*)$ から $f(k')$ と低下する。つまり、家

図 7-2　労働人口成長率の変化と資本装備率

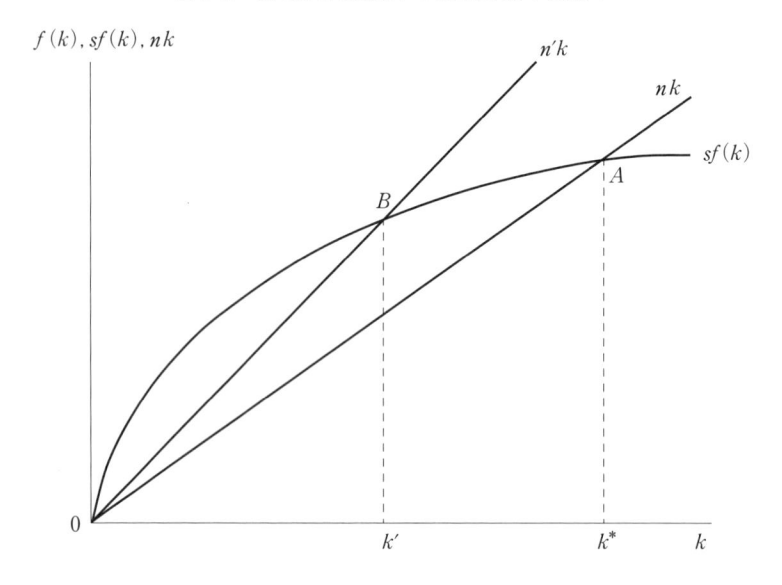

図 7-3　貯蓄率の変化と資本装備率

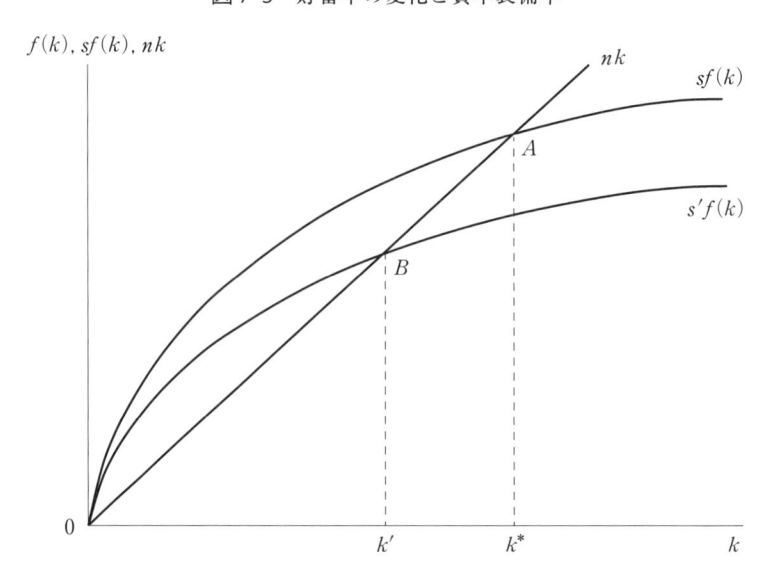

計の消費性向が高まり貯蓄率が低下すると、長期均衡における1人当たり国民所得は低下することになる。

反対に、貯蓄率が上昇すると、定常状態における資本装備率は上昇し、1人当たり GDP が上昇するので、1人当たり国民所得は上昇することになる。

6 経済成長における黄金律

新古典派経済成長モデルにおいて、資本装備率は時間を通じて、長期均衡に収束する。この意味で、長期均衡は安定的である。そこで、長期均衡の経済厚生について解説する。長期均衡において、1人当たりの消費水準が最大化されるとき、経済厚生が最大化されている状態であると考える。このとき、経済厚生を最大化する条件は、資本蓄積の黄金律（golden rule of accumulation）と呼ばれている。

(1) 定常状態における1人当たりの消費の最大化

定常状態における1人当たりの消費 c^* は、1人当たりの国民所得 y^*（$= f(k^*)$）から、貯蓄（$sf(k^*)$）を引いた値として示すことができる。

$$c^* = f(k^*) - sf(k^*) \tag{7-31}$$

また、定常状態において、$sf(k^*) = nk$ が成立することから、次式が成立する。

$$c^* = f(k^*) - nk \tag{7-32}$$

この1人当たりの消費が最大になるとき、次式が成立する。

$$\frac{\Delta c^*}{\Delta k} = f'(k^*) - n = 0 \tag{7-33}$$

$$f'(k^*) = n \tag{7-34}$$

この資本の限界生産力と人口成長率が等しいという条件こそ、資本蓄積の黄金律と呼ばれるものである（7-34式）。資本の限界生産力 $f'(k^*)$ は、1人当たり生産関数（$f(k)$）上に引いた接線の傾きに等しいので、この接線と nk 線が平行になる点 G に対応する k^G が、黄金律を成立させる資本装備率となる（図7-4）。

（2） 長期均衡と黄金律

　図7-4において、長期均衡における資本装備率の水準はk^*であるから、この値は黄金律を成立させるk^Gよりも高いことがわかる。すなわち資本が過剰蓄積となっているのである。このような状態は、経済厚生が最大化されていないため非効率な状態と考えられる。資本蓄積は経済において貯蓄が行われることで生じるので、長期均衡の状態は、貯蓄が過剰となっている状態であると考えられる。

　図7-4において、貯蓄率がs^Gに低下すると、長期均衡として黄金律が成立することが確認できる。このような場合は、政府が消費を奨励するなどの政策を行うことが考えられる。

図7-4　長期均衡と黄金律

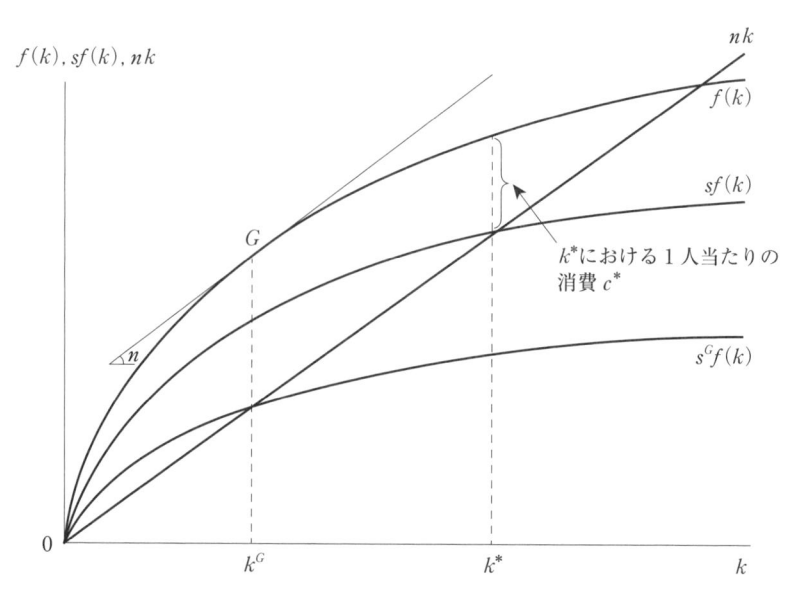

第8章

国際マクロ経済学

　現代社会では、国際間で財・サービス、資産の取引が行われている。そこでまず、国際間の取引を記録する国際収支統計について概観する。その後、これまで外国との各種の取引がない閉鎖経済を仮定して分析を行ったが、外国との取引が行われている開放経済におけるマクロモデル分析について解説する。

1 ■ 国際収支統計の概要

　今日、国際間で、財・サービスや資産・負債の取引が活発に行われている。これらの取引を記録する仕組みが国際収支統計であり、そこには、一国の財・サービス、資産・負債の対外経済取引が体系的に記録されている。一般に、国際間の取引は、当該国を経済活動の本拠地として一定期間以上居住している居住者と、それ以外の非居住者との間で行われる。

　この居住者と非居住者との間で行われた取引は、財・サービスおよび所得の取引や経常移転を記録する経常収支、対外金融資産・負債の増減にかかる取引を記録する金融収支、生産資産・金融資産以外の資産の取引や資本移転を記録する資本移転等収支から構成される。

1 経常収支

　経常収支には、財貨・サービスの取引、所得の受け払い、経常移転が計上される。また、経常収支は、貿易・サービス収支、第一次所得収支、第二次所得収支から構成される。

$$経常収支 = 貿易・サービス収支 + 第一次所得収支 + 第二次所得収支$$

$$(8\text{-}1)$$

　以下、各収支を説明しよう。貿易・サービス収支は、財貨の輸出入の収支である貿易収支、輸送・旅行などサービス取引の収支であるサービス収支から構成される。第一次所得収支は、当該国の居住者が労働サービス供給の対価として得た雇用者報酬と、資金提供の対価である配当金や利子等の投資収益からなる。第二次所得収支には、実物および金融資産などの無償取引（援助・国際機関への拠出など）、労働者送金、生命保険以外の保険金の受け払いなどが計上される。

② 金融収支

　金融収支には、直接投資、証券投資、金融派生商品、その他投資、および、外貨準備に関する当該国の居住者と外国の居住者間での資産および負債の取引が計上される。それぞれ資産（非居住者に対する債権）変化から負債（非居住者に対する債務）変化を差し引くことで、収支を求めることができる。ただし、政府が保有する外貨準備に関しては、資産変化のみが計上される。

　例えば、当該国の居住者が外国の国債を買うなど、資産を取得すると金融収支にプラス計上され、処分するとマイナス計上される。また、当該国の居住者が外国の銀行から借り入れを行うなどして負債を負うとマイナス計上される。また、債務の返済はプラス計上される。

③ 資本移転等収支

　資本移転等収支は、対価の受領を伴わない固定資産の提供、債務免除のほか、非生産・非金融資産の取得処分等が計上される。

④ 誤差脱漏

　国際収支統計において、原理的には収支合計がゼロとなるはずである。しかし、実際には、国際収支はゼロとならない。このため、誤差脱漏を、国際収支がゼロとなるための、バランス項目として計上する。

2 ■ 為替レートとその決定

① 為替レートとは

　一般に、国内で使用される通貨は、外国の通貨と異なる。そこで、外国為替市場では、それらの通貨が売買されるが、その際の交換比率を為替レートと呼ぶ。

　すなわち、為替レートとは、異なる国の通貨の交換比率のことである。例えば、円ドル為替レートが、1ドル100円から110円へと変化したといったニュースが流れることがある。このように、外国為替市場において、外国通貨1単位（例えば1ドル）と何円が交換されるかを表す比率は、邦貨建て為替レートと呼ばれる。以下では、邦貨建て為替レートを、単に、為替レートと呼ぶことにする。

　為替レートは、1ドルと何円が交換されるかを示す値であるから、円で測ったドルの価値を示すと考えられる。したがって、1ドル100円が110円に変化した場合は、ドルの価値が上昇して、円の価値が下落しているので、円安ドル高と表現される。一方、1ドル100円が90円に変化した場合は、ドルの価値が低下しているので、円高ドル安と表現される。

② 為替レートの決定

(1)　均衡為替レート

　外国為替市場において、為替レートを決定するのは、外国通貨に対する需要と供給である。例えば、円ドル為替レートは、外国為替市場におけるドルの需要とドルの供給が一致し、均衡が成立するように決定される。ドルと円の取引において、円を手放してドルを購入するドル需要と、ドルを手放して円を購入するドル供給がある。すなわち、ドルが需要されるとき、円が同時に供給され、ドルが供給されるとき、同時に円が需要される。このため、外国為替市場において、ドルに対する需要と供給が一致し、均衡が成立する場合、同時に円の供給と需要が一致するのである。

(2)　ドルの需要曲線、供給曲線、および均衡為替レート

　ドル需要（円供給）とドル供給（円需要）が生じるのは、一般に、外国との間で、財・サービスの輸出入、資産取引が行われるからであると考えられる。このとき、為替レートが円高ドル安になると外国の財・サービス、資産は相対的に割安になり、それらの取引は増加するので、ドル需要（円供給）が増加すると考えられる。すなわち、円高ドル安になると、ドル需要は増加する。この関係を図示したものが、右下がりの形状をしたドルの需要曲線である（図8-1）。

　一方、ドル供給をもたらす対外取引には、財・サービスの輸出と外国からの資本流入（外国の居住者による日本資産の取得）がある。通常、為替レートが円安ドル高になると、日本の財・サービス資産は割安になるので、それらの取引は増加する。すなわち、円安ドル高になると、ドル供給は増加する。この関係を図示したものが、右上がりの形状をしたドルの供給曲線である。

図8-1　外国為替レートの決定

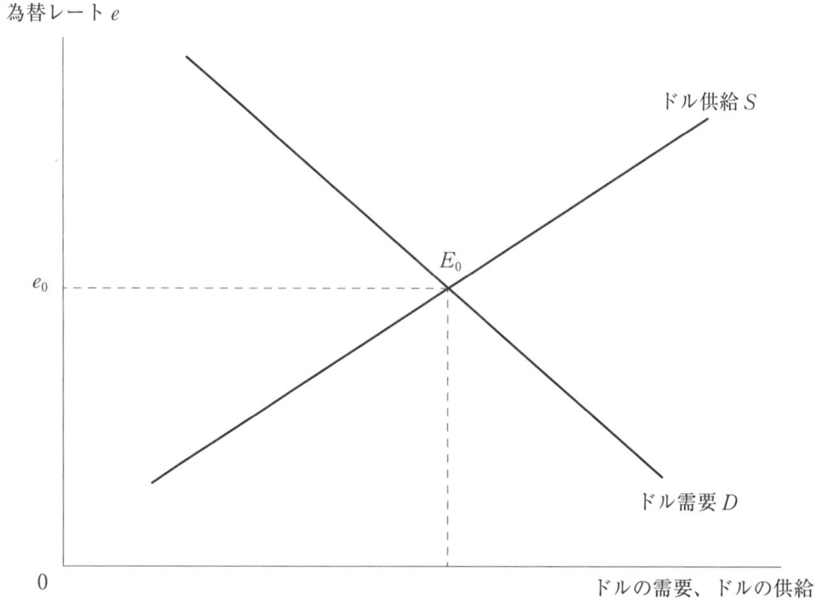

為替レート e

ドル供給 S

e_0

E_0

ドル需要 D

0

ドルの需要、ドルの供給

この図において、ドルの需要曲線と供給曲線の交点 E_0 が均衡点で、ドルの需要と供給が一致し、為替レートが決定される。この為替レートを均衡為替レートと呼ぶ。

(3)　ドルの需給の変化と為替レート

　ドルの需給が変化すると、為替レートは変化すると考えられる。そこで、ドルの需給の変化と為替レートの変化について、図を用いて説明しよう。いま、図 8-2 において、ドルの需要曲線と供給曲線が交差する E_0 点で均衡が成立して、均衡為替レートが e_0 であるとしよう。次に、このレートのもとで、ドル供給（円需要）を一定として、ドル需要（円供給）のみが増加したと仮定する。このとき、ドルの需要曲線は右方向にシフトする。すると、ドルの需要曲線と供給曲線の交点で示される均衡点が E_0 から E_1 に移動し、円ドル為替レートは e_0 から e_1 へと円安ドル高の方向に変化する。

　次に、図 8-3 における、E_0 点で均衡が成立して、均衡為替レートが e_0 で

図 8-2　ドル需要の増加による円安ドル高化

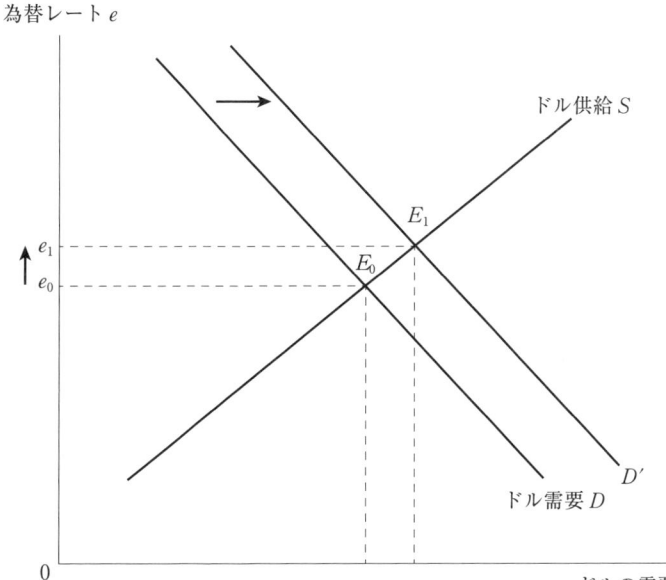

図8-3　ドル需要の減少に伴う円高ドル安化

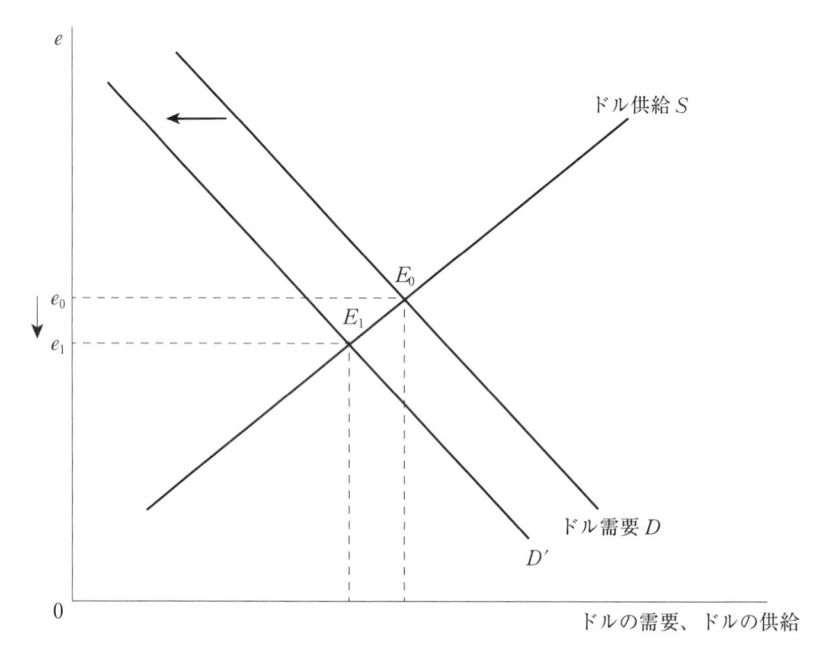

ある状態で、ドル供給（円需要）を一定として、ドル需要（円供給）のみが減少したと仮定する。このとき、ドルの需要曲線は左方向にシフトする。すると、ドルの需要曲線と供給曲線の交点で示される均衡点が E_0 から E_1 に移動し、円ドル為替レートは e_0 から e_1 へと円高ドル安の方向に変化する。

　為替レートの変化は、ドルの需要の変化のほかに、ドル供給の変化によっても生じる。例えば、ドル需要を一定として、ドル供給が増加すると、為替レートは円高ドル安の方向に変化する。また、ドル需要を一定として、ドル供給が減少すると、為替レートは円安ドル高の方向に変化する。

　以上のことから、為替レートが一定のもとで、需要が増加した通貨の価値が上昇し、供給が増加した通貨の価値が下落することが理解できる。

（4）　為替レートを変化させる要因

　以上のように、ドル需要（円供給）やドル供給（円需要）に影響を与え、円ドル為替レートを変動させる要因として、日米の物価上昇率格差や金利差

136

の変化が重要である。

　例えば、米国の物価が日本の物価を上回って上昇すると、安価な財・サービスを求めて、米国の居住者による日本の財・サービスの需要が増加する可能性がある。このとき、外国為替市場において、ドル供給（円需要）が増加するので、円ドル為替レートは円高ドル安に変化する。

　また、米国において利子率が上昇するとき、米国資産（ドル資産）の収益率が日本資産（円資産）の収益率と比較して高くなるので、投資家が米国資産（ドル資産）を購入するため、ドル需要（円供給）が増加すると考えられる。このとき、円ドル為替レートは円安ドル高に変化する。

③ 為替レートの決定仮説

　物価水準や利子率を変数とする、為替レートの決定仮説として、購買力平価説と金利平価説がある。以下、これらについて説明する。

(1)　購買力平価説

■ 購買力平価説とは　　購買力平価説（PPP：Purchasing Power Parity）とは、2国間の通貨の交換比率である為替レートが、各国の通貨の購買力が等しくなるように決定されるという仮説である。例えば、ドルと円で考えた場合、全く同一のある財の価格が、米国では1ドル、日本だと100円であるとしよう。この財が、日米で貿易される代表的な財であると考えると、1ドルと100円の購買力は等しいと考えることができる。この場合、購買力平価説において決定される円ドル為替レートは、100円/ドルになる。

　この考え方において、日本のある財の価格を日本の物価水準 P、米国の同じ財の価格を米国の物価水準 P_f に置き換えてみる。すると、同じ財1単位を購入できる P 円と P_f ドルの購買力は等しいので、1ドルと (P/P_f) 円が交換される水準に為替レートが決定されると、円とドルの購買力が等しくなる。すなわち、購買力が等しくなるように決定される円ドル為替レートは、日米の物価水準の比に等しくなる。このように、為替レートが2国間の物価水準の比に決まるという考え方は、購買力平価説と呼ばれている。

$$e = \frac{P}{P_f} \qquad\qquad (8\text{-}2)$$

■ 物価上昇率格差と為替レートの変化　　購買力平価説が成立するとき、日本または米国で物価が変化した場合、為替レートを一定として、円とドルとの購買力が乖離する。例えば、米国の物価水準を一定として、日本の物価が上昇すると、円の購買力が低下し、(8-2)式の右辺の値が大きくなる。このとき、円とドルの購買が等しくなるためには、左辺の円ドル為替レートの値が、右辺の変化に合わせて円安ドル高方向に変化する必要がある。一方、日本の物価水準を一定として、米国の物価が上昇すると、(8-2)式の右辺の値が小さくなるので、円とドルの購買力が等しくなるためには、円ドル為替レートが円高ドル安方向に変化する必要がある。

　以上のことから、購買力平価説が成立するとき、相対的に物価が上昇する国の通貨は安くなり、物価が下落する国の通貨は高くなることがわかる。この為替レートの動きは、(8-2)式を変化率の形で示すことで、より明確になる。すなわち、円ドル為替レートの変化率（$\Delta e/e$）は、次式のように、2国間の日米の物価上昇率格差（$\Delta P/P - \Delta P_f/P_f$）を埋めるように変化する。

$$\frac{\Delta e}{e} = \frac{\Delta P}{P} - \frac{\Delta P_f}{P_f} \qquad\qquad (8\text{-}3)$$

(2)　金利平価説

■ 金利平価説とは　　国内外の金利（利子率）の関係が為替レートを決定するという仮説は、金利平価説と呼ばれている。この仮説は、為替レートは、一定の資金を日本で運用しても米国で運用しても、円ベースで評価した収益率が等しくなるように決定されるという考え方に基づく。

■ 金利平価説による為替レートの決定　　例えば、リスク中立的な投資家が、一定資金（例えば1億円）を、日本の資産、または米国の資産で運用すると仮定する。ここで、リスク中立的とは、投資家が資産選択を行う際に、リスクの大きさには関心を払わず、収益率の大きさのみに関心を払うことを意味する。説明を簡単にするために運用期間を1期（例えば1年間）とする。投資家が利子率 r の日本の資産を選択した場合、投資した1億円は、1期後（1

$+r$）億円となる。一方、投資家が利子率が r_f の米国の資産を選択した場合、1億円は、1期後 $(e'/e)(1+r_f)$ 億円になると予想される。

　この予想を得るために、次のように考えるとよい。投資家が米国の資産を購入するために、投資時点において、外国為替市場で円をドルに変換する。円ドル為替レートが e 円/ドルであるとき、1億円は $(1/e)$ 億ドルに交換可能である。そして、投資家が、この金額をドル資産で運用すると、1期後には、$(1+r_f)(1/e)$ 億ドルになる。さらに、これを1期後の予想為替レート円/ドル e' で円に換えると $(e'/e)(1+r_f)$ 億円になると予想されるのである。このように1期後の金額が予想値となっていることには注意を要する。

　金利平価説において、一定資金（1億円）を日本で運用しても、米国で運用しても、両者の将来価値は等しくなると考えられている。その理由は、次のように考えられる。もし、1期後に得られる額が異なる場合、その大きさが小さい国で借り入れを行い、大きな国の資産で運用する（裁定取引）ことで利益が得られる。また、この裁定取引により為替レートが変動する。そして、この変動は、両者の将来価値が等しくなり、裁定取引が行われなくなるまで続く。

　結果として、裁定取引が起こらない状態である均衡においては、次式が成立する。

$$1+r = \frac{e'}{e}(1+r_f) \tag{8-4}$$

$$\frac{e'}{e} = \frac{1+r}{1+r_f} \tag{8-5}$$

　(8-5)式は、日本と米国の利子率の関係（右辺）にしたがって、為替レートの変化（左辺）が決まることを示している。また、この式において、現在成立している日本の利子率と米国の利子率と将来の為替レート予想値が与えられると、現在の為替レートが決定されると考えることができる。

　さらにこの式は、次式のように近似できる。

$$r = r_f + \frac{e'-e}{e} \tag{8-6}$$

この式の左辺は、日本資産に投資したときの収益率を、右辺は米国資産に投資をしたときの円ベースの収益率を表している。なお、右辺の第1項はドル資産からのドルベースの収益率を、第2項は為替変動からの予想変化率（収益率）を表している。したがって金利平価説において、日本資産に投資をしたときの収益率と米国資産に投資をしたときの収益率が円ベースで等しくなるように、現在の円ドル為替レート e が決定される仮説であると解釈できる。

■ 利子率の変化と為替レートの変化　　金利平価説が成立するとき、日米の利子率の変化は、為替レートをどのように変化させるであろうか。例えば、日本の利子率を一定として、米国の利子率が上昇するとき、米国資産で運用したときの円ベースの収益率が、日本資産で運用したときの収益率よりも高くなる。このため、投資家は、日本資産を処分して、または日本で借り入れをして、米国資産を取得する裁定取引を行うことで、利益を得ることができる。この過程で、円が売られ、ドルが買われるので、円ドル為替レートは円安ドル高に変化する。

　他方、米国の利子率を一定として、日本の利子率が上昇するとき、日本資産で運用したときの収益率が、米国資産で運用したときの円ベースの収益率よりも高くなるため、米国資産を処分して、または米国で借り入れをして、日本資産を取得する裁定取引が生じる。これらによって、円ドル為替レートは円高ドル安に変化する。

　以上の、日米の利子率の変化と為替レートの変化の関係は、次のように捉えることもできる。すなわち、日本と米国の利子率の差（日本の利子率 − 米国の利子率）が変化すると、その差を埋めるように為替レートが変化する。

3 ■ 国際マクロモデル

　第5章で解説された IS-LM 分析は、閉鎖経済における均衡国民所得、均衡利子率の決定について説明するモデルであった。一方、開放経済では、財市場では財・サービスの輸出入の取引が行われ、資産市場では資産・負債などの国際的な取引が行われる。そこで、財・サービスの輸出入、資産取引、

為替レートを変数としてモデルに取り込み、国民所得、利子率、為替レート等の決定と財政政策、金融政策の効果について分析する代表的国際マクロモデルであるマンデル＝フレミングモデルについて解説する。

1 マンデル＝フレミングモデルとは

マンデル＝フレミングモデルでは、IS-LM 分析を基礎にして、国内の財・サービス、資産に加え、対外的な財・サービス、資産の取引が取り扱われる。このため、対外的な取引を考慮して、IS 曲線、LM 曲線に加えて、BP 曲線（国際収支均衡線）が導入される。

また、便宜上、自国と外国の 2 国のみが存在する経済を考え、例えば日本を自国、米国を外国と考えるとよい。ただし、自国の経済規模は、外国経済と比較して小さく、自国における経済の動きは、外国経済に影響を与えないと仮定する。これは小国の仮定と呼ばれる。

2 LM 曲線

開放経済のモデルにおいて、LM 曲線に修正はない。

3 IS 曲線

（1）　財市場均衡

開放経済では財・サービスが国際間で取引されるので、財市場均衡を示す IS 曲線において、右辺の総需要の構成に、国内で生産された財に対する外国からの需要を加える必要がある。すなわち、財市場における総需要には、国民所得 Y に依存して決まる消費 $C(Y)$、利子率 r に依存して決まる投資 $I(r)$、所与の政府支出 G を合計した内需に、対外的な財・サービスの収支である純輸出が加えられる。これは外国による自国の財・サービスの需要であるから、以下、外需 NX と呼ぶ。この点を反映して、財市場均衡を表す IS 曲線は、次式のように修正される。

$$Y = C(Y) + I(r) + G + NX(Y, e) \tag{8-7}$$

(2) 外　　需

　外需 NX（Y, e）は、日本から外国への財・サービスの輸出と外国から日本への財・サービスの輸入の差で定義される。このとき、為替レートを一定として、国民所得 Y が増加すると、輸入が増加して、外需が減少する。一方、国民所得が減少すると、輸入が減少して、外需が増加する。なお、自国は小国であるから、国民所得 Y の変化は、外国による自国の財・サービスの購入である輸出には影響しない。

　そして、国民所得 Y を一定として、為替レートが円安化（e が上昇）すると、輸出が増加し、輸入が減少して、外需が増加すると仮定する。一方、為替レートが円高化（e が低下）すると、輸出が減少し、輸入が増加して、外需が減少すると仮定する。

　下の式は、国民所得、為替レートの変化により、外需がどう変化するかを示したものである。

$$\frac{\Delta NX(Y, e)}{\Delta Y} < 0 \tag{8-8}$$

$$\frac{\Delta NX(Y, e)}{\Delta e} > 0 \tag{8-9}$$

(3)　IS 曲線とそのシフト

　IS 曲線は、縦軸に利子率 r、横軸に国民所得 Y を測った図において、右下がりの曲線として描くことができる（図8-4）。IS 曲線が右下がりになる理由は、利子率の低下が、投資を増加させ財市場を均衡させる国民所得を増加させるからであった。ただし、開放モデルの IS 曲線では、利子率の低下による国民所得の増加が、外国からの財・サービスの輸入を増加させるため、外需を減少させることが考慮される。すなわち、開放経済の IS 曲線は、閉鎖経済の場合と比較して、急な傾きをもつ。

　また、IS 曲線は、利子率を一定として、総需要が増加すると右方にシフトし、総需要が減少すると左方にシフトする。例えば、政府支出が増加すると、IS 曲線は右方シフトする。ただし、開放経済においては、国民所得の増大とともに外需が減少するので、乗数効果が小さくなるため、IS 曲線の

図8-4　為替レートの変化とIS曲線のシフト

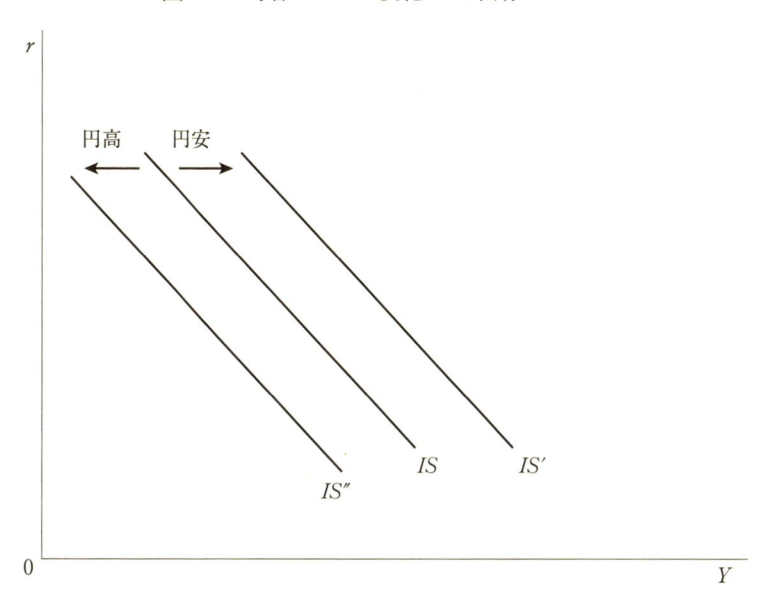

シフト幅は、閉鎖経済の場合と比較すると小さいものとなる。

　また、為替レートが円安化すると外需は増加し、円高化すると外需は減少すると仮定すると、円安化はIS曲線を右方へシフトさせ、円高化はIS曲線を左方へシフトさせる（図8-4）。

④ BP曲線（国際収支均衡線）

　国際間での取引は、大まかに、財・サービスの取引と資本の取引に分けられると考え、それらの収支の合計である国際収支 BP を、外需 NX と資本収支 KA の合計であると仮定する。ただし、モデル分析におけるこれらの収支は、計画的なものであるから、常に均衡してゼロになるわけではないことに注意を要する。また、この資本収支は、第1節（国際収支統計の概要）における金融収支の符号を反対にして（マイナスをつけ）、外貨準備を除いた値に、概ね等しい。

$$BP = NX + KA \tag{8-10}$$

(1)　資本収支の動き

　国際収支を構成する外需は、IS 曲線の導出の際に説明した。一方、資本収支 KA は、為替レートを所与として、国内利子率 r と外国利子率 r_f の差に依存して決定される。このとき外国資産を取引する投資家が予想する将来の為替レートは、現在成立している値で一定であると仮定する。また、小国を仮定しているので、外国利子率は所与であると考える。さらに、外国資産を取引している投資家は、自国資産と外国資産のリスクの相対的な大きさについては気にせず、両者の収益率にのみ注目して資産選択を行うとする。このような投資家は、リスク中立的なタイプと呼ばれる。自国と外国間の資本移動は、完全に自由であるとする。

　このとき、外国利子率を一定として、自国利子率が上昇すると、自国および外国の投資家が、外国資産を処分して、利子率が上がり運用上相対的に有利になった自国の資産を購入すると考えられるので、資本が外国から自国へと流入する。これによって、資本収支 KA は改善する。

　一方、外国利子率を一定として、自国利子率が低下すると、自国および外国の投資家が、自国資産を処分して、利子率が上がり運用上相対的に有利になった外国の資産を購入すると考えられるので、資本が自国から外国へと流出する。これによって、資本収支 KA は悪化する。

　さらに、資本収支は、自国通貨安になると改善し、自国通貨高になると悪化する。

(2)　BP 曲線の導出

　BP 曲線は、国際収支を均衡させる利子率 r と国民所得 Y の組み合わせの集合である。また、これまで説明した各収支を、式で示すと次のようになる。

$$BP = NX(Y, e) + KA(r - r_f) = 0 \tag{8-11}$$

$$NX = NX(Y, e) \tag{8-12}$$

$$KA = KA((r - r_f), e) \tag{8-13}$$

$$\frac{\Delta KA}{\Delta (r - r_f)} > 0 \tag{8-14}$$

$$\frac{\Delta KA}{\Delta e} > 0 \qquad\qquad (8\text{-}15)$$

BP 曲線は、縦軸に利子率、横軸に国民所得を測って、国際収支が均衡する利子率と国民所得の組み合わせを示したものである。ここでは、自国が小国であるから、自国利子率の水準が所与の外国利子率の水準と異なり、内外利子率格差が生じると、瞬時に大量の資本の流出または流入が生じて、資本収支に大規模な黒字または赤字が発生する。このため、内外利子率に格差がある場合には、国際収支は均衡しない。すなわち、国際収支が均衡するのは、外国の利子率に自国の利子率が一致する場合だけである。したがって、次式を BP 曲線と考える。

$$r = r_f \qquad\qquad (8\text{-}16)$$

結果的に、BP 曲線は、外国利子率で水平として描かれる（図 8-5）。

⑤ マンデル゠フレミングモデルの均衡

マンデル゠フレミングモデルは次の連立方程式で書くことができる。

図 8-5　マンデル゠フレミングモデルの均衡

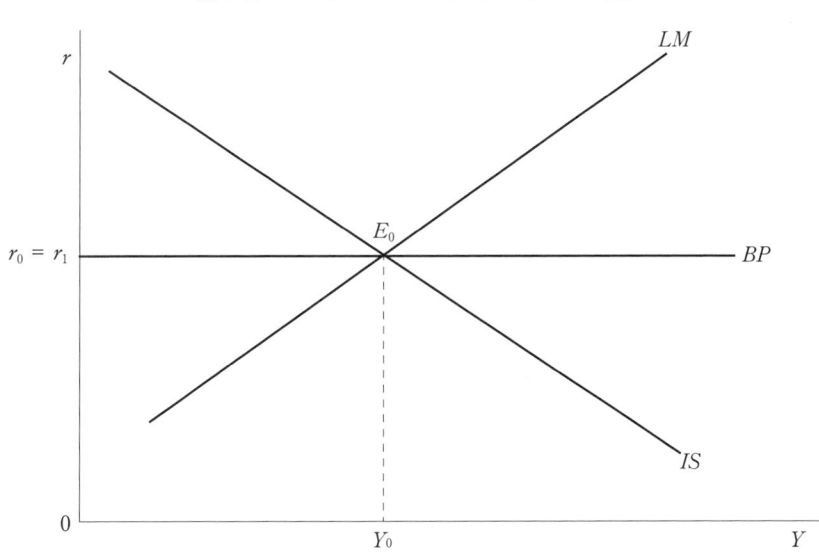

$$\text{IS 曲線}: Y = C(Y) + I(r) + G + NX(Y, e) \qquad (8\text{-}17)$$

$$\text{LM 曲線}: \frac{M}{P} = L(Y, r) \qquad (8\text{-}18)$$

$$\text{BP 曲線}: r = r_f \qquad (8\text{-}19)$$

ただし、モデルにおいて、政府支出 G、マネーサプライ M、物価水準 P、外国利子率 r_f は所与とする。

マンデル＝フレミングモデルにおける均衡は、IS 曲線と LM 曲線と BP 曲線の交点で示される。この点は、IS 曲線と LM 曲線の交点である国内均衡と、BP 曲線上の対外的な均衡が同時に成立する点である。図 8-5 の E_0 点が均衡点を示し、均衡国民所得が Y_0、均衡利子率が r_0 $(= r_f)$ になる。また、明示されてはいないが、外国為替市場で為替レートも、同時に決定されている。

そこで以下では、マンデル＝フレミングモデルを用いて財政政策と金融政策の効果について分析することにする。

6 財政・金融政策の有効性

(1) 拡張的財政政策の効果

図 8-6 を用いて拡張的財政政策の効果を見ることにしよう。政府支出増加、または減税などの拡張的財政政策が実施される場合、IS 曲線が IS' へと右方へシフトする。このとき、IS 曲線と LM 曲線の交点で示される国内均衡は E_0 点から E_1 点へと移り、国民所得が Y_0 から Y_1 へと増加し、利子率が r_0 から r_1 へ上昇する。ただし、E_1 点は BP 曲線上にないので、対外的均衡は達成されない。このとき、自国利子率が外国利子率を上回っているために生じる自国への資本流入によって、資本収支が大幅な黒字になるために、国際収支は黒字になっていると考えることができる。

また、資本流入の過程で、外国通貨が供給され、自国通貨が需要されるために、自国通貨高となり、外需が悪化していくと考えられる。この外需の悪化は、財市場における総需要の減少であるから、IS 曲線の左方向へのシフトを生じさせる。この動きは、自国利子率が外国利子率を上回ることによっ

図 8-6　拡張的財政政策の効果

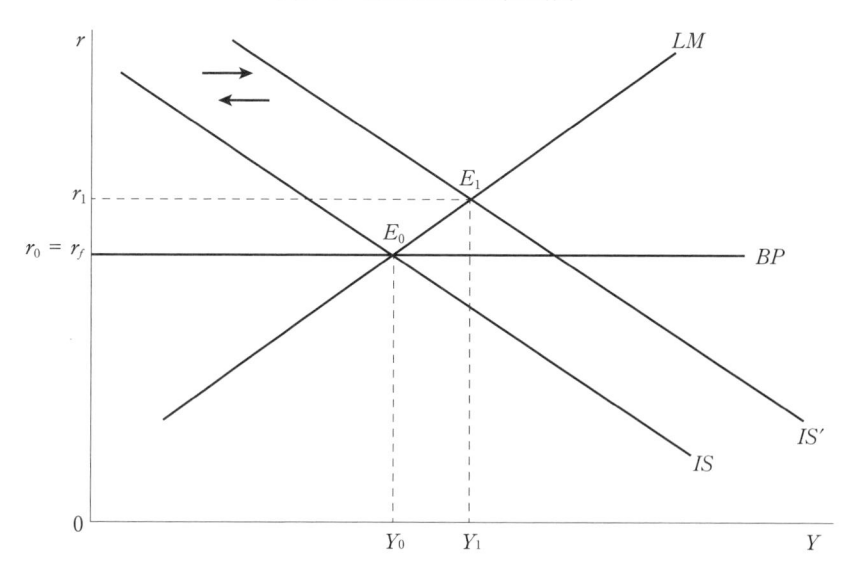

て生じるものであるから、自国利子率が外国利子率に一致するまで続く。し
たがって、IS 曲線は、元の IS に戻ることになる。

　この結果、均衡点が E_0 となり、国民所得は Y_0、利子率は r_0 となる。こ
のため、拡張的財政政策は、国民所得を増加させることができず、無効にな
る。一方、為替レートは自国通貨高となり、外需は悪化する。

（2）　緩和的金融政策の効果

　図 8-7 を用いて金融緩和政策の効果を説明しよう。金融緩和政策として、
マネーサプライが増加すると、LM 曲線は右方へシフトする。このとき、IS
曲線と LM 曲線の交点で示される国内均衡は E_0 点から E_1 点へ移動し、国
民所得が Y_0 から Y_1 へと増加し、利子率が r_0 から r_1 へ低下する。ただし、
E_1 点は BP 曲線上にないので、対外的均衡は達成されない。このとき、自
国利子率が外国利子率を下回っているために生じる自国から外国への資本流
出によって、資本収支が大幅な赤字になるために、国際収支は赤字になって
いると考えることができる。

　また、資本流出の過程で、外国通貨が需要され、自国通貨が供給されるた

図 8-7 緩和的金融政策の効果

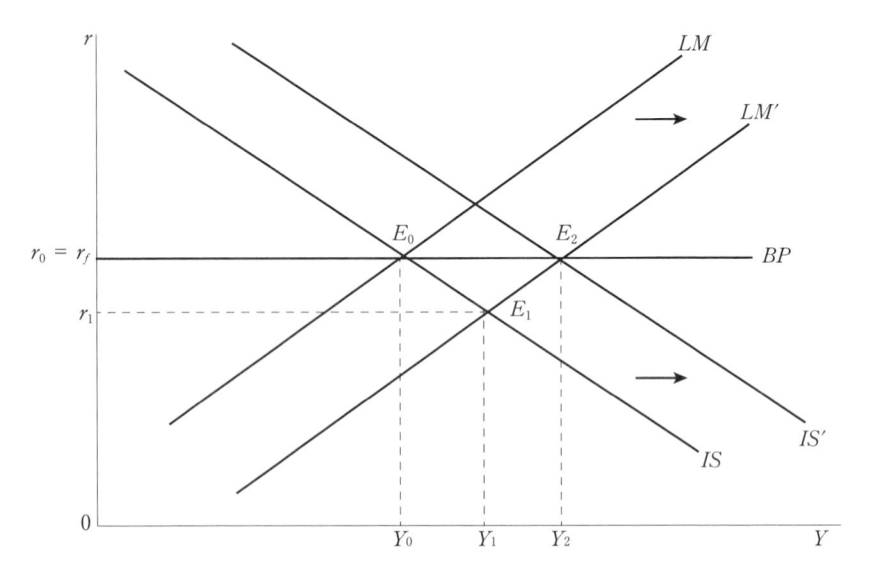

めに、自国通貨安となり、外需が改善されると考えられる。この外需の増加は、財市場における総需要の増加であるから、IS 曲線の右方向へのシフトが生じる。この動きは、自国利子率が外国利子率を下回ることによって生じるものであるから、自国利子率が上昇して、外国利子率に一致するまで続く。したがって、IS 曲線は、BP 曲線と LM 曲線が交差している E_2 点を通る位置までシフトすることになる。

この結果、均衡点は E_2 となり、国民所得は Y_2、利子率は r_0 となる。このため、緩和的金融政策は、国民所得を大幅に増加させ、有効となる。一方、為替レートは、自国通貨安となり、外需は改善する。

このように緩和的金融政策の有効性は非常に高い。しかし、このような外需の増加に依存した政策は、外国における当該国の財・サービスへの需要を奪い、生産量を減少させるため、失業を増加させる側面をもつ。この点で、失業の輸出と評価され、海外からは近隣窮乏化政策として非難されることがある。

参 考 文 献

石井安憲ほか『入門・国際経済学』有斐閣、1999 年

岩田規久男『金融入門』岩波新書、1999 年

宇沢弘文『ケインズ「一般理論」を読む』岩波書店、1984 年

内田浩史『金融』有斐閣、2016 年

大淵三洋編著『増訂　経済学の基本原理と諸問題』八千代出版、2013 年

奥野正寛『ミクロ経済学入門』日本経済新聞社、1982 年

ケインズ, J. M. 著、塩野谷祐一訳『雇用・利子および貨幣の一般理論』東洋経済
　　新報社、1995 年

高増　明・野口　旭『国際経済学』ナカニシヤ出版、2002 年

齋藤　誠・柴田章久ほか著『マクロ経済学』有斐閣、2010 年

鹿野嘉昭『日本の金融制度（第 2 版）』東洋経済新報社、2006 年

柴田章久・宇南山　卓『マクロ経済学の第一歩』有斐閣、2013 年

白川方明『現代の金融政策―理論と実際―』日本経済新聞出版社、2008 年

サムエルソン, P. A. ・ノードハウス, W. D. 著、都留重人訳『経済学（上・下）』
　　岩波書店、1992 年

篠原三代平・佐藤隆三責任編集『サミュエルソン経済学体系 1　国民所得分析』
　　勁草書房、1979 年

シュルツ, C. L. 著、塩野谷祐一訳『国民所得分析』東洋経済新報社、1965 年

日本銀行調査統計局「マネーストック統計の解説」日本銀行、2017 年

マンキュー, N. G. 著、足立英之ほか訳『マンキューマクロ経済学Ⅰ入門編（第 4
　　版)』東洋経済新報社、2017 年

マンキュー, N. G. 著、足立英之ほか訳『マンキュー経済学Ⅱマクロ編（第 2 版)』
　　東洋経済新報社、2014 年

宮尾龍蔵『コア・テキスト　マクロ経済学』新世社、2012 年

村瀬英彰『金融論』日本評論社、2006 年

福岡正夫『ゼミナール経済学入門』日本経済新聞社、1986 年

福田慎一『金融論』有斐閣、2013 年

二神孝一『マクロ経済学（第 3 版）』日本評論社、2017 年

二神孝一・堀　敬一『マクロ経済学（第 2 版)』有斐閣、2017 年

吉川　洋『マクロ経済学（第 3 版)』岩波書店、2009 年

吉川　洋『マクロ経済学研究』東京大学出版会、1984 年

吉村二郎『理論経済学』文真堂、1983 年

Jones, C. I., *Introduction to economic growth*, W.W. Norton & Company, Inc.,
　　1998.（香西泰監訳『経済成長理論入門』日本経済新聞社、1999 年）

Jones, C. I., *Macroeconomics*, 2nd ed., W.W. Norton & Company, Inc., 2008.（宮川努ほか訳『ジョーンズマクロ経済学Ⅰ』東洋経済新報社、2011 年）

Krugman P., & R. Wells, *Economics*, Worth Publishers, 2006.（大山道広ほか訳『クルーグマンマクロ経済学』東洋経済新報社、2013 年）

索　　引

著 者 紹 介

芹澤高斉（せりざわ　たかなり）

最終学歴：中央大学大学院経済学研究科博士後期課程単位取得退学
現　　職：淑徳大学コミュニティ政策学部准教授
主要著作：
『基本経済学』（共著、八千代出版、2018年）
『増訂　経済学の基本原理と諸問題』（共著、八千代出版、2013年）
「我が国の漁業管理制度の課題と地域の漁業」（共著）『三重中京
　　大学地域社会研究所所報』第25号、2013年
「漁業管理制度の制度的側面に関する一考察」（共著）『三重中京
　　大学地域社会研究所所報』第23号、2011年　　　など

基本マクロ経済理論

2018年3月31日　第1版第1刷発行

著　者 ― 芹澤　高斉
発行者 ― 森口恵美子
印刷所 ― 新灯印刷
製本所 ― グリーン
発行所 ― 八千代出版株式会社
　　　　　〒101-0061　東京都千代田区神田三崎町 2-2-13
　　　　　TEL　03 - 3262 - 0420
　　　　　FAX　03 - 3237 - 0723
　　　　　振替　00190 - 4 - 168060
　　　　　＊定価はカバーに表示してあります。
　　　　　＊落丁・乱丁本はお取替えいたします。

ISBN978-4-8429-1728-3